Torsten Fischer

Kriegsende
an Rhein, Ruhr und Weser

Begleitbuch zur
WDR-Dokumentation

WDR

Wartberg Verlag

Dieses Buch begleitet die dreiteilige WDR-Dokumentation „Kriegsende an Rhein, Ruhr und Weser", die das WDR-Fernsehen anlässlich des 60. Jahrestages der Ereignisse produziert hat.

Redaktion: Gudrun Wolter
Autoren: Mathias Haentjes, Florian Opitz, Dr. Anne Roerkohl

Fotonachweis:
National Archives (=NA), USA: Titelfoto, S. 7 o., 12, 13 u.,14, 21, 25 o., 31, 40, 42, 44 u., 46, 50, 52/53, 60, 61 u., Titelrückseite l. o. und u.
SV-Bilderdienst: S. 5, 9 o. (Scherl),13 o., 51, 57
Oliver Kessler: S. 6, 24, 39
ullstein bild: S. 7 u., 10, 33, 48
W. Mues: S. 8, 23 u. (NA), 32 (NA), 35 o., 35 u. (NA), 41, 43, 44 o. (NA), 45 (NA), 47 (NA)
Ruhr Nachrichten-Archiv : S. 9 u.
Stadtarchiv Bielefeld: S. 11, 23 o., 27, 29
Stadtarchiv Solingen: S. 15 (Karl-Theodor Haanen)
Stadtarchiv Bochum: S. 16 o., 22, 38, 54 r.
Stadtarchiv Dortmund: S. 16 u. (NA)
Stadtarchiv Düsseldorf: S. 17 o., 28, 49
Stadtarchiv Bonn, S. 18, 19, S. 61 o.
Charlotte Junge: S. 25 u.
Archiv Valentin Frank: S. 26
Stadtarchiv Gütersloh: S. 36/37
Stadtarchiv Haltern: S. 58
Stadtarchiv Wuppertal: S. 54 l.
Wuppertaler Stadtwerke: S. 55
Stadtarchiv Krefeld: S. 62
Erika Dammermann: Titelrückseite r. o.

Titelfoto: Ein US-Soldat aus Oklahoma steht in den Trümmern Kölns und blickt auf den Dom.
Die Stadt wurde am 6. März 1945 von den Amerikanern besetzt.

Fotos auf der Rückseite: Das Ende der Großmachtträume in einem Waldstück:
Deutsche Soldaten ergeben sich einem amerikanischen GI (Foto l. o).
Die Folgen des „totalen Kriegs": Fast jede größere Stadt zwischen Rhein, Ruhr und Weser verkam zur Trümmerwüste (Foto l. u.).
Das Kriegsende als Trauma einer ganzen Generation: Trümmerkinder in Dortmund (Foto r. o.).

1. Auflage 2005

Satz und Layout: Grafik & Design Ulrich Weiß, Gudensberg
Druck: Thiele & Schwarz, Kassel
Buchbinderische Verarbeitung: Buchbinderei Büge, Celle

34281 Gudensberg-Gleichen, Im Wiesental 1
Telefon (0 56 03) 9 30 50
www.wartberg-verlag.de
ISBN 3-8313-1410-1

Ostern 2005

Vorwort **4**

Der Anfang vom Ende: 12. September 1944 bis 7. März 1945 .... **6**

Die Reichsgrenze wird Frontgebiet – 12. September 1944 – Der Westwall sollte den Einmarsch verhindern 6
Das letzte Aufgebot: Der Volkssturm 8
Die Strategie der Alliierten – Verzweiflung und Kriegsverbrechen in Aachen 9
Kriegsende fern von zu Hause: Die Kinderlandverschickung 11
Neubeginn in Aachen – Schlachtfeld Hürtgenwald in der Eifel – Ernest Hemingway als Kriegsberichterstatter – Weihnachten auf dem Schlachtfeld – Der letzte Versuch der Deutschen – Das große Sterben an Rhein und Ruhr 12
Die grausame Logik der Bombenangriffe 16
Der Bombenkrieg im Radio 17
Wir hatten solche Angst: Bombenkrieg in den Städten 20
Der Vormarsch auf den Rhein – Neue Nazi-Verbrechen kündigten sich an – Die Situation Anfang März 1945 21

Der Übergang: 7. März 1945 bis 1. April 1945 .... **24**

Die Eroberung der Rheinlinie – In Remagen versagten die Zündkabel – Bei Wesel fällt die letzte Stellung – Noch mehr Bomben auf das Ruhrgebiet und Westfalen 24
Sie waren noch Kinder: Der gefährliche Dienst der Flakhelfer 27
Waffentest bei Bielefeld – Der Abwurf der Riesenbombe – Zwischen brutaler Ausbeutung und drohender Erschießung – Dortmund als Schauplatz von Kriegsverbrechen – Wahnsinnige Vernichtungspläne 28
Rombergpark und Bittermark in Dortmund wurden Schauplätze von Kriegsverbrechen 30
Der nördliche Rheinübergang – Der südliche Rheinübergang – Kriegsgeschichte(n) – Blutige Kämpfe auf dem Weg nach Paderborn – Tod eines US-Generals – Die Rettung von Ahlen 31
Angst vor den Tieffliegern hatten alle 34
Beckum rüstet sich zum Kampf – Das Dritte Reich vor dem Abgrund 36

Die letzten Tage: 1. April 1945 bis 17. April 1945 .... **39**

Ostern 1945 –1. April 1945: Die Umschließung des Ruhrgebiets – Der Ruhrkessel – Zwischen Lippstadt und Teutoburger Wald – Verhandlungsversuche in Lemgo – Lagerbefreiungen westlich der Weser – Stukenbrock: Gefangene zwischen Freude und Gewalt 39
Die Angst vor den Ausgebeuteten: Freiheit für die Fremdarbeiter 45
Das Rheinland arbeitete am Neuanfang – Die Verantwortlichen im Ruhrkessel wurden nervös – Selbstmorde unter den Verantwortlichen – Düsseldorf: Tod im letzen Augenblick 46
So erlebte ich das Kriegsende 50

Die „neue" Zeit: Nach dem 17. April 1945 .... **52**

Krieg war nun anderswo – Der lange Weg zurück – Neue Aufgaben für die Alliierten 52
Wir hatten Hunger 56
Die Briten übernehmen das Kommando 57
Das Verbotene lockte: Blindgänger töten viele Kinder 58
Die Opfer – Beispiel für Vergangenheitsbewältigung in Minden – Die deutschen Kriegsgefangenen – Der Neubeginn in den Kommunen 59
Not macht erfinderisch: Der Schwarzmarkt entsteht 60
Das Leben zwischen den Trümmern, das Leben auf dem Land – Hoffnung einer ganzen Generation 61

Literaturhinweise **63**

Die meisten Kölner haben nicht viel zu erzählen", notiert Janet Flanner, eine amerikanische Reporterin kurz nach der Eroberung Kölns am 6. März 1945. „Betäubt von einer Woche der militärischen Niederlage, drei Jahren Bombardements und zwölf Jahren Propaganda klingen die alten Männer und die Frauen und die Kinder, die nun die Stadt bewohnen, so, als hätten sie jede Fähigkeit verloren, vernünftig zu denken oder die Wahrheit zu sagen."

Heute, 60 Jahre nach Ende des Zweiten Weltkrieges, ist das anders: Der Westdeutsche Rundfunk hat für seine dreiteilige Dokumentation „Kriegsende an Rhein, Ruhr und Weser" nach Menschen gesucht, die den Nachgeborenen berichten können, wie sie selbst diese Zeit erlebt haben. Hunderte haben geschrieben von überall in Nordrhein-Westfalen, haben die unterschiedlichsten Geschichten erzählt und uns ein Gefühl vermittelt von diesen Tagen zwischen Krieg und Frieden, als es keine Gewissheiten mehr gab.
Kriegsende – das erlebten die Menschen in Aachen schon im Oktober 1944 und die Düsseldorfer erst Mitte April 1945. In den Monaten dazwischen existierten in dem Gebiet, aus dem später Nordrhein-Westfalen hervorgehen sollte, parallele Welten. Anfang März 1945, als US-Truppen Köln erobern und in Remagen den Übergang über den Rhein schaffen, erschießt die Gestapo in Dortmund noch Kriegsgefangene und Zwangsarbeiter. In Aachen hat die Umerziehung der Deutschen zu Demokraten bereits begonnen, während in Essen noch nationalsozialistische Durchhalteparolen an die Litfaßsäulen plakatiert werden – „Kampf bis zum letzten Blutstropfen". Dortmund erlebt Anfang März den schwersten Luftangriff des ganzen Krieges, während in amerikanisch besetzten Gebieten befreite polnische Zwangsarbeiter Bauernhöfe plündern und Rache üben für jahrelange Misshandlung. Im Ruhrgebiet werden in diesen Tagen noch Jugendliche und alte Männer für den Volkssturm rekrutiert, als in Neuss bereits US-Soldaten Kaugummi, Apfelsinen und Schokolade an die staunenden Kinder verteilen. Und in Lüdenscheid werden entlaufene Soldaten, den Frieden schon in Sichtweite, noch als Deserteure erhängt und auf dem Marktplatz zur Schau gestellt.

All das passiert in diesen Wochen zwischen Krieg und Frieden an verschiedenen Orten an Rhein, Ruhr und Weser gleichzeitig. Überall sind entwurzelte Menschen unterwegs: „Alle Bahnhöfe glichen riesigen Karawansereien, wimmelten von übermüdeten, gereizten, meist auch schmutzigen Gruppen mit ihrem elenden Gepäck: Zivilisten, ‚normale' Reisende, Flüchtlinge, Soldaten, Bombengeschädigte, Kriegsgefangene, Polizisten...", schreibt Heinrich Böll.

Die weit über 800 Menschen, die unserem Aufruf folgten und uns ihre Geschichten schrieben, gaben uns einen tiefen Eindruck von dem damals vorherrschenden Gefühl, beständig nahe am Abgrund zu laufen. Da saßen die Männer, Frauen und Kinder im Bunker, draußen waren schon die kanadischen Truppen, und wussten nicht: Sollen wir die weiße Fahne raushängen? Dann werden wir von den eigenen Leuten erschossen. Ergeben wir uns nicht, werden wir vielleicht von den Kanadiern an die Wand gestellt. Heinrich Böll, der Soldat, verlängerte damals eigenhändig und stümperhaft seinen Urlaubsschein: Bloß nicht noch im letzten Moment eine Kugel abbekommen. Hätte man ihn mit dem gefälschten Schein erwischt, wäre er als Fahnenflüchtiger erschossen worden. Jeder Schritt konnte in diesen letzten Tagen der falsche sein, aber auch die Rettung bringen. Und überall an Rhein, Ruhr und Weser hofften hunderttausende von Zwangsarbeitern und Kriegsgefangenen darauf, endlich wieder nach Hause zu ihren Familien zu dürfen – nach Russland, Polen, Frankreich, in die Ukraine.
Auch unter den Deutschen hatten viele den Krieg und den Nationalsozialismus längst satt, misstrauten der Propaganda, seit der anfangs so erfolgreiche Eroberungsfeldzug fehlgeschlagen und der Krieg in ihre eigenen Städte gekommen war. Überall tauchten jetzt führende Nationalsozialisten unter oder begingen Selbstmord. Manche versuchten in letzter Minute, sich durch die freiwillige und friedliche Übergabe ihrer Gemeinden an die Alliierten vom überzeugten Täter zum einfachen Mitläufer zu machen. Und viele brave Bürger ahnten, dass man jetzt zur Rechenschaft gezogen werden würde für all das, was in deutschem Namen in ganz Europa geschehen war. Und für das, wovor man selbst in seiner Nachbarschaft die Augen verschlossen hatte.

Janet Flanner, die Reporterin im US-Tross, hatte bei ihrem Vormarsch die Spuren von Folter, Mord und Zerstörung gesehen. Ihr Blick auf die Deutschen war getragen vom Zorn über das trotzige Nicht-Wissen-Wollen, das ihr immer wieder begegnete. Sie wollte kein Mitleid haben mit dem besiegten Feindesvolk – und konnte sich dessen doch nicht immer erwehren. „Im Schutt und in der Einsamkeit völliger physischer Zerstörung lehnt Köln, bar jeder Gestalt und schmucklos, an seinem Flussufer", notierte sie Mitte März 1945. „Was von seinem Leben übrig geblieben ist, das kämpft sich mühsam einen Weg durch die zugeschütteten Seitenstraßen: eine geschrumpfte Bevölkerung, schwarz gekleidet und mit Bündeln beladen – stumm wie die Stadt."

Die stumme Verschlossenheit, die die amerikanische Reporterin beschreibt, ist auch bei den Recherchen nach Archivbildern für die Fernsehdokumentation deutlich geworden. US-Kameraleute filmten die Einheimischen und hielten so die Gefühle bei Kriegsende fest: Misstrauisch und zutiefst verunsichert schauen die Gesichter von damals den Betrachter von heute an. Die Dokumentation „Kriegsende an Rhein, Ruhr und Weser" verzichtet bewusst auf die Erzählungen der amerikanischen und britischen Befreier und widmet sich dem Erleben der Menschen, die sich mitten drin befanden in dem Chaos. Sie vermittelt ein Bild von dem damaligen Geschehen, dokumentiert die sich überstürzenden Ereignisse und schildert die parallelen Welten, die sich in dieser Zeit zwischen Krieg und Frieden auftaten. Sie eröffnet einen Einblick in die Erinnerungen derer, denen alle Sicherheiten abhanden gekommen waren und die keine Vorstellung hatten von dem, was sie erwartete. Die oft unendlich erleichtert waren, das Ende dieses Krieges wie auch immer überlebt zu haben und erst heute, Jahre später, erzählen können – von Schuld, Scham und Schande ebenso wie von Leid, Verzweiflung und Angst.

Gudrun Wolter
Redakteurin für Zeitgeschichte im Westdeutschen Rundfunk

Der Krieg ist aus. Bewacht von einem amerikanischen Soldaten, warten diese jugendlichen Wehrmachtsoldaten auf ihren Abtransport in die Kriegsgefangenschaft.

Der Anfang vom Ende: 12. September 1944 bis 7. März 1945

Nach ihrem erfolgreichen Einmarsch in die Normandie im Sommer 1944 erreichten die Alliierten bereits im September 1944 das Deutsche Reich im Westen. Von Belgien kommend überschritten sie die Grenze und gelangten so erstmals direkt auf deutschen Boden. Bis März 1945 eroberten sie trotz schwerer Verluste auf allen Seiten die Eifel, das westliche Rheinland und den größten Teil des Niederrheins. Zur gleichen Zeit mussten die Menschen in den Städten erneut zahlreiche Bombenangriffe ertragen. Am 7. März verlief die Front ungefähr entlang des Rheins.

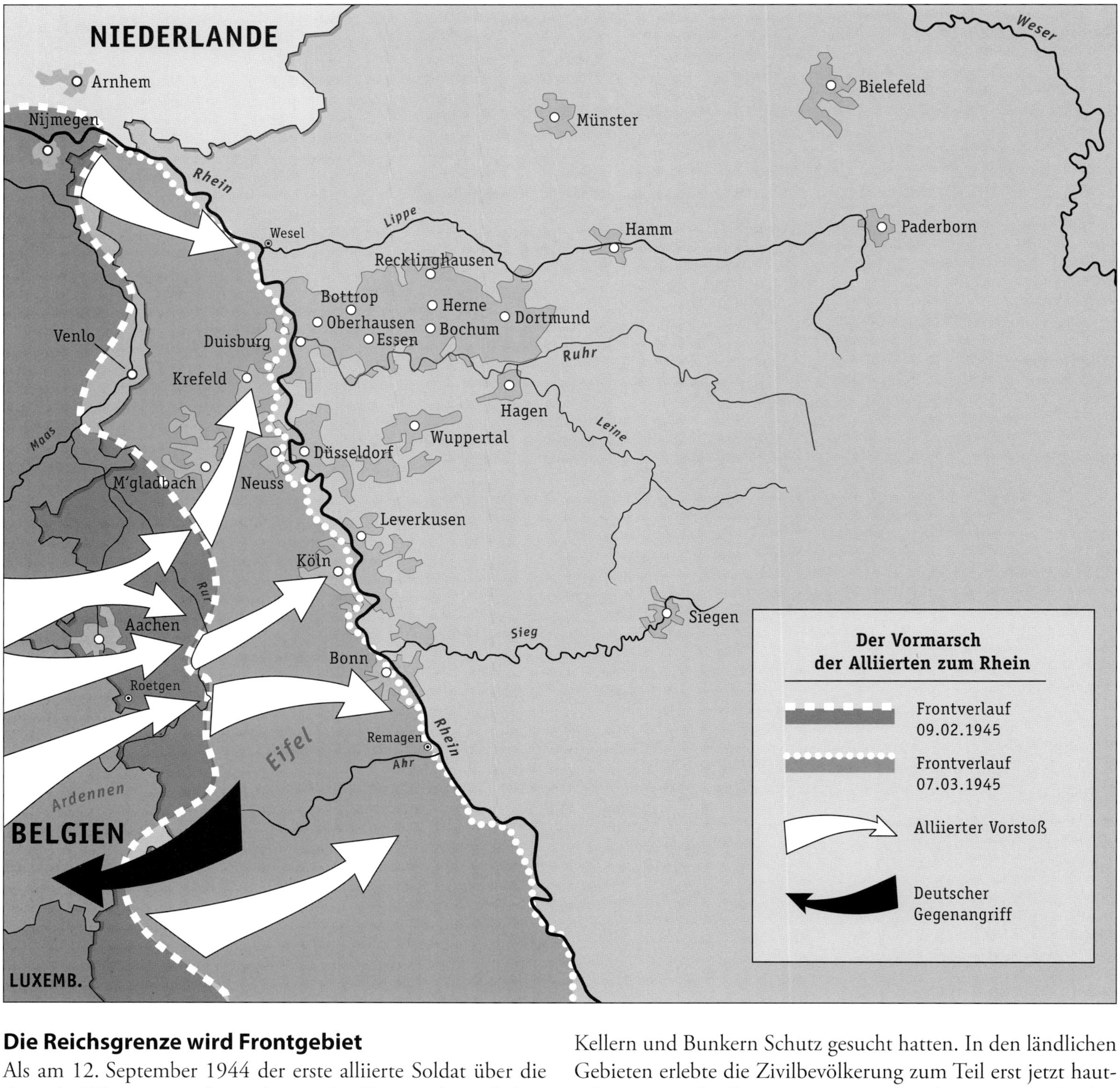

Die Reichsgrenze wird Frontgebiet

Als am 12. September 1944 der erste alliierte Soldat über die deutsche Westgrenze schritt, da war das Kriegsende noch lange nicht absehbar. Im Gegenteil, bis zur bedingungslosen Kapitulation des Dritten Reichs am 8. Mai 1945 sollten an Rhein, Ruhr und Weser noch weit mehr als hunderttausend Menschen sterben: Soldaten bei Kämpfen im offenen Schlachtfeld, Nazi-Verfolgte durch verbrecherische Exekutionskommandos, aber auch unzählige Mütter, Kinder und alte Menschen, die in ihren Kellern und Bunkern Schutz gesucht hatten. In den ländlichen Gebieten erlebte die Zivilbevölkerung zum Teil erst jetzt hautnah mit, was das für ein Krieg war, den das Dritte Reich über ganz Europa gebracht hatte.

Ein Blick auf die Jahre zuvor vergegenwärtigt die Veränderung der Lage: Nach Kriegsbeginn 1939 hatte Hitler zunächst weitreichende Eroberungen in Polen und Frankreich verbuchen können und die deutsche Propaganda feierte den schließlich über fast ganz Europa ausgedehnten Machtbereich der Nationalsozialisten als Erfolg der „Herrenmenschen". Doch seit Ende 1942 hatte sich das Blatt gewendet. Die Niederlage von Stalingrad, das Bröckeln der Front in Afrika und schließlich der D-Day an der nordfranzösischen Küste – all das waren die Vorboten des „Untergangs".

12. September 1944

Das kleine Städtchen Roetgen in der Eifel hat nur einige tausend Einwohner. Trotzdem fehlt sein Name in kaum einem Geschichtsbuch über den Zweiten Weltkrieg, denn Roetgen war die erste deutsche Stadt, in der die Alliierten das Kommando übernahmen. Mit Kaffee und Blumen habe man am Mittwoch, dem 12. September 1944, die ersten US-Soldaten begrüßt, so wird berichtet. Hanne-Lore Bethge aus Roetgen erinnert sich: *„Inzwischen hatte der Rückzug der Wehrmacht unsere Region erreicht. Tag und Nacht hörten wir den Kriegstross auf der 200 Meter entfernten Landstraße zurückfluten, dazwischen zogen die Trecks der fliehenden Landser, elende Gestalten, hohlwangig, übermüdet, hungrig. Unsere Hauswirtin teilte mit unserer Hilfe Milch an sie aus. Der amerikanische Geschützdonner kam immer näher und wir verzogen uns für einen Tag in den Keller zwischen Kohlen und Kartoffeln. Dort fanden uns dann die ersten amerikanischen Soldaten und versuchten uns zu erklären, dass sie das Haus und die Ställe durchsuchen müssten. Wir konnten es kaum glauben, die größte Gefahr war vorbei. Das war der 12. September 1944."*

„Sie betreten ein feindliches Land. Seien Sie aufmerksam" – amerikanisches Schild an der alten Reichsgrenze, aufgenommen Ende 1944 in der Nähe von Aachen.

In Roetgen war die Freude über das Kriegsende groß und das Gefühl der Erleichterung verbreitete sich dort über sieben Monate früher als in Düsseldorf, das erst am 17. April 1945 als letzte große Stadt auf dem Gebiet des späteren Nordrhein-Westfalens erobert wurde.

In der Zwischenzeit lebten die Menschen im Westen in parallelen Welten: In den von den Alliierten besetzten Gebieten begann man bereits mit dem Wiederaufbau, während im Rückzugsgebiet der deutschen Truppen weiterhin auch minderjährige Soldaten in den Tod geschickt sowie grausame Kriegsverbrechen begangen wurden und Bomben fielen. Das Kriegsende an Rhein, Ruhr und Weser – das sind vor allem die ungezählten menschlichen Schicksale zwischen den Fronten.

Der Westwall sollte den Einmarsch verhindern

Aus Sicht der deutschen Wehrmacht war die militärische Lage Anfang September 1944 äußerst angespannt. Unter allen Umständen sollte verhindert werden, dass die „Feindkräfte" weiter ins Deutsche Reich eindrangen. „Wenn der Feind an die deutschen Weststellungen herankommt, soll er auf unseren fanatischen Widerstand stoßen", beschwor damals der für Aachen und Köln zuständige Gauleiter Josef Grohé die Bevölkerung. „Bis zum letzten Atemzug" müsse Widerstand geleistet werden. Und während die deutsche Propaganda eine Wende durch „Wunderwaffen" wie die V2-Rakete oder neue Düsenflugzeuge ankündigte, wurden immer mehr junge Menschen, wurde jeder verfügbare Mann zum Kriegsdienst herangezogen.

September/Oktober 1944: Die deutschen Soldaten an der Westfront konnten die Alliierten zunächst mit Kämpfen entlang der Reichsgrenze aufhalten.

Das letzte Aufgebot: Der Volkssturm

Keine zwei Wochen, nachdem alliierte Kampftruppen das erste Mal deutschen Boden betraten, verfügte Adolf Hitler am 25. September 1944 die Bildung eines letzten Aufgebots gegen die Alliierten. „[Dem] setzen wir den totalen Einsatz aller Menschen entgegen. Zur Verstärkung der aktiven Kräfte unserer Wehrmacht und insbesondere zur Führung eines unerbittlichen Kampfes überall dort, wo der Feind den deutschen Boden betreten wird, rufe ich daher alle waffenfähigen deutschen Männer zum Kampfeinsatz auf."

Betroffen war jeder Mann zwischen 16 und 60 Jahren, der bisher von einem direkten Kriegseinsatz verschont geblieben war. In den frontnahen Gebieten wurden männliche Einwohner nun notdürftig ausgerüstet, wobei deren einzige „Uniform" oft nur aus einer dünnen Armbinde mit der Aufschrift „Deutscher Volkssturm – Wehrmacht" bestand. Wolfgang Maassen aus Kranenburg erinnert sich an schreckliche Ereignisse, die er damals als Kind miterleben musste: *„Wir waren wegen der Bomben aufs Land geflohen. Aus dem Radio plärrten unverdrossen die Durchhalteappelle. … keiner traute sich zu lachen, doch niemand glaubte daran. Bis auf den Oberstleutnant Rosenau. Den Krieg hatte er schön warm im Hinterland als oberster Heeresmuseums-Hüter verbracht. Jetzt erwachte der Soldat in ihm. Der Volkssturm, der Volkssturm musste es richten. … Rosenbaum inspizierte, ließ antreten, zählen. Da fehlt einer. Wer? Der Rößler. Wo ist der? Nach Haus gegangen, kommt morgen wieder, hat er gesagt. Sein Rheuma. Sein Rheuma, schrie Rosenau! Sein Rheuma! Desertiert ist er! Vorm Feind geflohen. Ein paar Stunden später lagen eine ältere und eine jüngere Frau vor Rosenau auf den Knien, flehten ihn an. Doch Rosenau, klein und mickerig, gestützt von seiner Uniform, schnarrte: ‚Es tut mir leid, ich folge meinem Fahneneid.' Rößler wurde erschossen. Am nächsten Tag standen die Amerikaner vor der Stadt. Rosenau floh mit dem Fahrrad, fuhr auf eine Mine, die ihm ein Bein abriss und verbluten ließ."*

Sechs Millionen Volkssturmmänner wurden im ganzen Reich rekrutiert. Das alles wurde von dem führenden Nazi-Verbrecher und inoffiziellen Stellvertreter Hitlers, Martin Bormann, geplant und organisiert. Der unter dem militärischen Befehl Heinrich Himmlers stehende „Volkssturm" sollte unterstützend für die sich immer weiter zurückziehende Wehrmacht wirken. Erdwälle und Gräben mussten gebaut, aber auch Wachdienste und Beobachtungsposten übernommen werden. Am Ende sollte aus Erdlöchern und Ruinen bis zum letzten Mann gegen die herannahenden, übermächtigen Alliierten gekämpft werden.

Die Hitlerjungen und älteren Männer hatten nur wenige Waffen und wussten mit Panzerfäusten und Maschinengewehren auch nicht wirklich umzugehen. Die „Schnellausbildungen" im ganzen Reich dienten mehr der Propaganda als einer tatsächlichen Einweisung.

Ludwig Frohne aus Billerbeck erinnert sich an den Volkssturm in seiner Heimat folgendermaßen: *„In Coesfeld hatte der Stabsamtsleiter der NSDAP Droll versucht, in der geschundenen Stadt Volkssturmmänner zu mobilisieren. Er sammelte alles ein, was ihm kampffähig erschien. So traf er auch auf den Eisenbahner Nagel. Dieser weigerte sich, dem Befehl Drolls nachzukommen und berief sich auf seine Dienstpflicht am Bahnhof. Kaltblütig wurde er von Droll mit mehreren Schüssen umgebracht."*

Glücklicherweise ergaben sich viele Volkssturmgruppen ohne Gegenwehr oder konnten kurz vor einem Kampf doch noch entkommen. An mancher Stelle aber eröffneten Unverbesserliche das Feuer auf ihren Feind und kamen auf diese Weise noch unmittelbar vor Einstellung der Kämpfe zu Tode. Ursula Haber schildert einen Fall aus ihrer Heimatstadt Hilden: *„Die Amerikaner rollten nach Hilden ein. Endlich waren sie da und Hitler angeblich tot. Aus dem freien Feld heraus hinter einem Bauernhaus blitzte plötzlich Gewehrfeuer auf – oder waren es Panzerfäuste? Dann schwenkte einer der Panzer seine Kanone, feuerte, und die Kolonne zog weiter. Später, viel später fand ich in Akten die Bestätigung für das, was man damals gesehen hatte: Eine Gruppe 16-Jähriger hatte versucht, die einrückenden Amerikaner aufzuhalten. Ich las eine Reihe von Namen, alles junge Menschen, die sinnlos verheizt wurden."*

Mit einer Panzerfaust am Ortsausgang: Auf diese Weise wollten die Nationalsozialisten den Vormarsch der Alliierten stoppen.

Die Hoffnung der deutschen Militärstrategen richtete sich nun auf den Westwall, der auch „Siegfriedlinie" genannt wurde. Hinter der westlichen Reichsgrenze gelegen, war er für die Alliierten das erste große Hindernis auf deutschem Gebiet. Er bestand aus einer Kette von über 17 000 Bunkern und Befestigungsanlagen, die sich 620 Kilometer von Kleve bis hinunter nach Basel zog. Gebaut von einer halben Million Zwangsarbeiter sollte er das Deutsche Reich vor allem gegen Angriffe der Franzosen schützen, die im Deutschen Reich als „Erzfeinde" bezeichnet wurden. Nach den Erfahrungen des Ersten Weltkriegs galten feste Verteidigungslinien als ein wichtiger Faktor in der Kriegsführung. So sind heute noch in der Eifel die so genannten „Drachenzähne" sichtbar, jene seltsamen Betongebilde, die sich bei näherem Hinsehen als bis zu anderthalb Meter hohe Zacken entpuppen und als Panzersperren in Vierer- oder Fünferketten die Landschaft durchschneiden.
Da seit der Fertigstellung des Westwalls 1940, nach dem Ausmarsch der Wehrmacht aus dem Deutschen Reich, nicht mehr an den Befestigungsanlagen gekämpft worden war, konnten diese nun kaum die großen Erwartungen der deutschen Generäle erfüllen. Fast alle Waffen hatte man an anderen Stellen eingesetzt, viele Panzerungen waren aus minderwertigem Stahl gefertigt und wenn die Bunker nicht ohnehin verwahrlost waren, hatten Bauern sie oft auch noch zweckentfremdet. Überhastet begannen im Herbst 1944 die Instandsetzungsarbeiten. Wieder wurden Zwangsarbeiter herangezogen, dazu Frauen, ältere Männer und zahlreiche Jugendliche aus der ganzen Region. Auch Ferdinand Schumacher aus Köln musste damals als 14-jähriger Junge „zum Schanzen" an den Westwall: *„Vom Sammelplatz in Ehrenfeld ging es in Marschkolonnen zum Ehrenfelder Bahnhof. Auf dem Wege dorthin wurde jede Person, die die ‚Fahne der Jugend' nicht grüßte, brutal zusammengeschlagen. Unter unbeschreiblichen Zuständen, ohne ausreichende Ernährung und in einer Scheune untergebracht, versuchten wir bei Rohren in der Eifel Schützengräben auszuheben. Fernes Geschützfeuer mischte sich mit den Motorengeräuschen der Flieger, die den Nachschub im Hinterland störten. Die Leute der Hitlerjugend, nicht viel älter als wir, versuchten mit brutaler Gewalt die Jugendlichen an der Flucht zu hindern."*

Für manche Jungen war das Schanzen ein großes Abenteuer, andere hatten längst genug vom Krieg und versuchten alles, um dem Arbeitseinsatz zu entgehen.

Solche Gräben sollten die Panzer der Alliierten aufhalten. Einwohner und Zwangsarbeiter mussten antreten, um die deutschen Verteidigungslinien zu verstärken.

Am Ende standen im rheinischen Frontgebiet zwar 167 000 deutsche Soldaten zur Verfügung, doch war ein militärischer Erfolg nicht abzusehen. Auf der deutschen Seite herrschte ein großer Mangel an militärischem Gerät, an Versorgungsstrukturen und vor allem an Treibstoff. Bedrohlich klang auch die Botschaft aus dem Oberkommando der Wehrmacht, überliefert durch eine Aktennotiz aus einer Lagebesprechung am 14. September 1945: „Westwall halten oder mit dem Westwall untergehen." So hatte es Hitler demnach knapp und kurz befohlen.

Die Strategie der Alliierten

Die Alliierten fanden neben Roetgen noch zwei weitere Stellen, die sich als Angriffspunkte entlang der Reichsgrenze zwischen Niederrhein und Eifel eigneten. Das war zum einen die Stadt Aachen, die als erste große Reichsstadt im Frontgebiet einen hohen symbolischen Wert für alle Kriegsparteien hatte. Die zweite Stelle war der Niederrhein entlang der holländischen Grenze, wo der britische General Bernhard L. Montgomery bereits am 17. September 1944, nur fünf Tage nachdem die US-Armee in Roetgen einmarschiert war, mehrere Luftlandedivisionen hinter den deutschen Linien absetzen ließ. In Eindhofen, Nimwegen

Das Grauen des Krieges: Trotz ihrer materiellen Überlegenheit konnten sich die Alliierten in den Städten oft nur durch zähe Häuserkämpfe behaupten.

und Arnheim sollten die deutschen Kräfte überrumpelt und dadurch Rheinübergänge für die Alliierten gesichert werden. Doch das Unternehmen „Market Garden" schlug fehl. Schlechtes Wetter verhinderte den Nachschub und bereits nach zehn Tagen waren die Einheiten „aufgerieben" worden, wie es trocken in deutschen Militärakten beschrieben wird. Hinter dieser Wortwahl verbirgt sich die Zahl von über 17 000 toten Soldaten, 6 000 auf deutscher, 11 000 auf alliierter Seite.
Auch Aachen konnte von den Alliierten nicht so schnell erobert werden – der Kampf um die Stadt dauerte mehrere Wochen. Zwar hatten die Amerikaner von Anfang an einen guten Überblick über die Stadt, da sie den später gesprengten Pelzerturm im Aachener Stadtwald besetzt hatten. Von dem knapp dreißig Meter hohen Aussichtsturm aus Bruchstein, der vor dem Krieg ein beliebtes Ausflugsziel gewesen war, konnte man die gesamte Umgebung gut überblicken. Doch am 8. Oktober 1944 war die Stadt immer noch nicht ganz umzingelt. Ein schmaler Korridor Richtung Osten war noch offen, und es mussten noch dreizehn weitere Tage vergehen, bis Aachen als „befreit" gemeldet wurde.

Verzweiflung und Kriegsverbrechen in Aachen

In der Stadt spielten sich dramatische Szenen ab. Ein überstürzter Räumungsbefehl des Oberkommandos der Wehrmacht, der unwillige Bürger mit der Todesstrafe bedrohte, sorgte für Panik. Niemand wollte seine letzten Besitztümer einfach so zurücklassen. Käthe Corban erinnert sich noch mit Schaudern an diese Stunden: *„Wir wussten nicht genau, was los war. Es war ein heilloses Durcheinander, denn es gab nur Gerüchte und die widersprachen sich oft völlig. Ich war 21 Jahre und man hatte mir solche Angst vor dem bevorstehenden Einmarsch der Alliierten gemacht, dass ich mich so wie viele andere auch zur Flucht entschloss. Ein Laster hat mich dann am 13. September 1944 bis kurz vor Köln mitgenommen."*
Der Kommandeur Gerhard Graf von Schwerin schrieb auf Englisch einen Bittbrief an den auf amerikanischer Seite stehenden General Hodges: „Ich habe die unsinnige Evakuierung der Bevölkerung gestoppt und bitte Sie um schonende Behandlung" – und verstieß damit direkt gegen den Führerbefehl, Aachen bis zum letzten Mann zu verteidigen. Der Wehrmachtsoffizier hätte später als ein Retter der Stadt Aachen gelten können, wenn der Brief tatsächlich angekommen wäre. Im Verlauf der Ereignisse bekam die befohlene Härte aber wieder den Vorrang und als höhere Stellen von dem Schriftstück hörten, konnte Graf von Schwerin nur mit viel Glück einer standrechtlichen Erschießung entgehen.
Ein Held war der Graf sicher nicht: Unter seiner Verantwortung sind in Aachen am 13. September 1944 zwei Kinder standrechtlich erschossen worden, die man willkürlich der Plünderung verdächtigte.

Die deutschen Soldaten konnten ihre Stellungen am Ende nicht mehr halten. Aachen wurde am 21. Oktober 1944 von der US-Armee besetzt.

Kriegsende fern von zu Hause: Die Kinderlandverschickung

Im September 1944 war die zuvor freiwillige Kinderlandverschickung (KLV) in vielen Städten eine Pflicht geworden. Immer mehr Schulen zogen nun mit all ihren Schülern aus dem Rheinland und dem Ruhrgebiet in die so genannten „Aufnahme-Gaue" im Osten und auch nach Westfalen. Wollten Eltern nicht gegen die Schulpflicht verstoßen, so mussten sie spätestens jetzt ihre Sprösslinge abgeben. Nur wenige Familien schafften es, stattdessen privat für eine Alternative zu sorgen. *„Es gab kaum noch Kinder in den Städten unseres Landes, die waren alle per KLV oder so wie ich auf eigene Faust ausgelagert worden"*, erinnert sich Wolfgang Maasen aus Kranenburg.

Auch wenn schon seit vielen Jahren Stadtkinder zur Erholung aufs Land geschickt worden waren, die „erweiterte Kinderlandverschickung" der Nationalsozialisten war alles andere als ein unschuldiger Urlaub. Zum einen sollten die Mütter, die bisher ihre Kinder versorgt hatten, der Kriegswirtschaft als Arbeitskräfte dienen. Zum anderen wollten die Nationalsozialisten die Kindererziehung noch mehr unter ihre Kontrolle bringen. Diese Art der „Kinderlandverschleppung" – so nannte sie mancher spöttisch – war bei vielen Eltern unbeliebt.

Die Erinnerungen der Betroffenen weichen heute so stark voneinander ab, wie bei kaum einem anderen Kriegsthema. Waren Kleinkinder stets noch zusammen mit ihren Müttern untergebracht, wohnten die bis zu Zehnjährigen bereits bei Pflegefamilien, in denen sie je nach den Umständen eine willkommene Hilfe oder lästige Mitesser waren.

So erinnert sich beispielsweise Peter H. J. Lataster noch sehr gern an diese Zeit. Im Herbst 1944, noch kurz vor der Einnahme seiner Heimatstadt Aachen, wurde er mit seiner Mutter und zwei Brüdern aufs Land ausquartiert: *„Nach kurzer Fahrt erreichten wir den vom Dorf abseits gelegenen Hof in Schwichelt bei Peine, in der Nähe des Mittellandkanals. Die ganze Familie war zu uns sehr freundlich. Das Mädchen zu uns Kindern sogar herzlich. Mutter bekam unentgeltlich Lebensmittel wie Fleisch, Wurst, Milch und sonstige Felderzeugnisse von unseren Gastgebern. Für uns Kinder ein Paradies."*

Ältere Kinder mussten in von der Hitlerjugend kontrollierten Gemeinschaftsunterkünften leben, wo die nationalsozialistische Erziehung im Vordergrund stand. *„Mit handgefertigten hölzernen Handgranaten wurden imaginäre Ziele bei Geländespielen angegriffen. Waffenarten und -gattungen wurden uns nahe gebracht. Die Wanderungen waren nichts mehr als der Ausmarsch in Kolonnen"*, erinnert sich Ferdinand Schumacher aus Köln. Und während die fremde Umgebung in manchem robusten Kinderkopf keinerlei dunkle Erinnerung hinterließ, wog bei anderen die vermeintliche Sicherheit vor Bombenangriffen keineswegs den Druck des übermächtigen Gruppenzwangs und das Heimweh auf. Theodor Schäfer aus Leverkusen war damals in Mecklenbeck bei Münster untergebracht: *„In dieser Schule waren wir erstmal die ‚Bombenkinder' und der Lehrer, um die 60 Jahre alt, erschien grundsätzlich in Uniform und bekam den rechten Arm gar nicht mehr runter. Was habe ich von diesem Idioten Prügel bezogen, bloß weil ich als Kölner kein Gedicht auf westfälisch-platt auswendig aufsagen konnte."*

Kurz vor Kriegsende änderte sich die Situation in den Kinderlagern noch einmal erheblich. Wurden die älteren Schüler am Ende gar noch direkt in den Krieg geschickt, hatten andere Kinder Glück und wurden von ihren Eltern ohne Erlaubnis zurückgeholt. Was aus den Zurückgebliebenen wurde, wusste niemand. Planlose Verlegungen, Unterversorgung und rücksichtsloser Umgang mit den Schutzbefohlenen waren an der Tagesordnung und manches Mal endete der Krieg für jene Kinder mit einem letzten waghalsigen Fußmarsch zurück in die Heimat.

Heute wird geschätzt, dass etwa ein Drittel aller deutschen Kinder Erfahrungen mit der Kinderlandverschickung gemacht haben. Die Zahlen schwanken allerdings stark zwischen 2 und 6 Millionen, da seinerzeit niemand die Gesamtzahl aller Kinder in den etwa 9000 Lagern und Unterkünften im Deutschen Reich zusammengezählt hat.

Mütter und Kinder verabschieden sich von ihren Angehörigen und Freunden, bevor sie in ländliche Regionen ausquartiert werden. Diese Aufnahme entstand in Bielefeld.

Die Zeitzeugin Finni Kruth erlebte das Kriegsverbrechen mit eigenen Augen und schilderte dies erst, nachdem sich drei Heimatforscher auf die Suche nach den genauen Umständen des Verbrechens gemacht hatten: *„Mit einem Mal gab da jemand den Befehl ‚Feuer'. Die Kinder fielen hin; aber der Karl* [einer der Jungen, 14 Jahre], *der ist dann noch aufgestanden, der hatte scheinbar nur einen Streifschuss und ist noch ein Stück gelaufen; und dann kam ein junger Offizier und hat ihm dann den ‚Gnadenschuss' gegeben."* Daran wollte sich Graf von Schwerin nach dem Krieg nicht mehr erinnern und wurde mangels Beweisen auch nicht verurteilt. Der unerkannte Kriegsverbrecher war später sogar noch lange Zeit militärpolitischer Berater in der Bundespolitik und starb 1980 in Bayern eines natürlichen Todes. Seine Befehle und Berichte zur Vollstreckung des Standrechtes in Aachen sind aber durch das kürzlich erschienene Buch „Die Tragödie von Aachen" (siehe Literaturhinweise) doch noch bekannt geworden.

So schnell wie möglich begannen die amerikanischen Besatzer in Aachen mit der Trümmerbeseitigung.

Neubeginn in Aachen

Die endgültige Einnahme Aachens erfolgte am 21. Oktober 1944 und die Amerikaner hielten nun die erste deutsche Großstadt besetzt. Für knapp 6000 Einwohner, die in den Ruinen ausgeharrt hatten, endete die Nazi-Herrschaft. Die Amerikaner standen nun am einstigen Sitz der deutschen Kaiser vor einer ganz neuen Aufgabe: So schnell wie möglich wollten sie den nationalsozialistischen Machtapparat durch eine neue Zivilverwaltung ersetzen. Zunächst kam der Befehl, alle Waffen bei den örtlichen Besatzungsbehörden abzugeben. Das war nahe liegend und wurde auch später fast immer als Erstes befohlen. Des Weiteren wurden strenge Ausgangssperren verfügt, um die Stadt besser kontrollieren zu können.

Ein Bild, an das sich die Bevölkerung noch gewöhnen musste: Endlose Kolonnen von gefangenen Wehrmachtssoldaten zogen durch Aachen.

Aber welche deutschen Kräfte sollten die Stadt letztendlich führen? Nach welchen Gesetzen und Regeln sollten die städtischen Bediensteten ausgewählt werden? Es gab weiße Listen, in denen Widerstandskämpfer verzeichnet waren, und schwarze, die alle bekannten Nationalsozialisten aufführten. Auch konnte man ehemalige SS-Leute an ihren typischen Tätowierungen erkennen. Doch die Hinweise waren nicht immer so eindeutig. Das Misstrauen gegenüber den besiegten Deutschen blieb groß – und die Auswahl an unbelasteten Politikern gering. In Würselen wurde ein älterer Herr kurzzeitig als Bürgermeister eingesetzt, der den Besatzern einzig wegen seiner gepflegten Kleidung aufgefallen war. Häufig kam es vor, dass schließlich der örtliche Pfarrer nach einer Empfehlung gefragt wurde. Dem fielen dann zumeist konservativ-katholische Politiker ein, so dass nicht-religiöse Kandidaten schlechtere Chancen hatten. Wirklich ein kommunalpolitisches Amt anzunehmen, erschien indes manchem Kandidaten auch als persönliches Risiko. Die Angst vor nationalsozialistischer Vergeltung war noch groß, schließlich verlief die Front in unmittelbarer Nähe.

In Aachen wurde der erste Nachkriegsbürgermeister schließlich am 30. Oktober 1944 vereidigt. Die Wahl fiel auf den Rechtsanwalt Franz Oppenhoff, der auch sogleich mit seiner Arbeit begann und die geforderten neuen Strukturen aufbauen wollte. Bald wurde klar, dass eine kompetente Führung der Stadt ohne Rückgriff auf mit Nazi-Vergangenheit belastete Kräfte nicht möglich sein würde und erste Konflikte begannen sich abzuzeichnen. Waren die Amerikaner über diese Aussichten ganz und gar nicht erfreut, wollten neue Kommunalpolitiker wie Oppenhoff vor allem eine funktionierende Verwaltung ermöglichen, selbst wenn Mitarbeiter hier und da als belastet galten.

„Der Feind hört mit" – Für die Amerikaner waren die Überreste der Nazi-Herrschaft eine fremde Welt.

Nicht zuletzt aus diesem Grund blieben die Amerikaner zunächst sehr vorsichtig im Umgang mit den Deutschen. Sie wollten keine allzu freundschaftlichen Verhältnisse durch Kompromisse befördern. Die „Non-Fraternization", die „Nichtverbrüderung", blieb vorerst noch eine wichtige Leitlinie der offiziellen US-Politik. Den Truppen wurde später für Zuwiderhandlungen sogar eine empfindliche Geldstrafe in Höhe von 65 Dollar angedroht, falls sie sich in die unmittelbare Gesellschaft von Deutschen begaben. Die amerikanischen GIs machten daraus später eine Redewendung: Sie sprachen von der „65-Dollar-Question", wenn es darum ging, eine deutsche Frau anzusprechen.

Schlachtfeld Hürtgenwald in der Eifel

Im November 1944 planten die Amerikaner ihr weiteres Vorgehen zwischen Aachen und Düren. Dabei galt das kleine, unscheinbare Flüsschen Rur, das von der Eifel in die Maas fließt, als ein ernst zu nehmendes Hindernis. Jederzeit konnten die Deutschen durch gezieltes Öffnen der Rurtalsperren in der Eifel ein künstliches Hochwasser auslösen und so einen direkten Vormarsch Richtung Köln unmöglich machen. Um dieses Problem zu vermeiden, wollten die Amerikaner das Gebiet zwischen Aachen und Köln südlich umgehen. Durch die Eifel, so die damalige Theorie der amerikanischen Generäle, könne der Rhein viel schneller erreicht werden, da in dem dünn besiedelten Mittelgebirge nicht mit großem Widerstand zu rechnen sei.

Doch im Herbst 1944 versammelten auch die deutschen Militärs alle verfügbaren Kräfte in dieser Gegend. Meist mussten sie in langen Nachtmärschen anrücken, weil man tagsüber Angriffe der alliierten Jagdbomber, der „Jabos", fürchtete.

Die Kampfspuren im Hürtgenwald sind noch heute unübersehbar. So gibt es auf dem Friedhof von Zweifall eine seltsame Verwachsung in einem der Bäume. Eine Christusfigur steckt dort tief im Holz, seit 60 Jahren ist sie in den Baum immer weiter eingewachsen. *„Bei einem Angriff gab es eine große Explosion auf dem Friedhof und der Druck schleuderte sie mit großer Wucht von einem Grabstein in das Holz. Da blieb die Figur dann stecken und wuchs immer weiter in den Stamm ein"*, erklärt der heute 71-jährige Anwohner Hubert Ramers. *„An vielen Stellen kann man noch die Spuren der Kämpfe erkennen, auch jetzt noch. Granatsplitter in Baumstämmen, Blindgänger im Boden und verwitterte Krater und Schützengräben. Auch Tote werden manchmal noch gefunden."*

Wenn ein Dorf zwischen die Fronten geriet, blieben nach den Kämpfen oft nur noch Trümmer übrig. Die Eifel wurde für die Amerikaner zu einem der blutigsten Schlachtfelder des Zweiten Weltkriegs.

US-Soldaten bei der Versorgung eines schwer verletzten Kameraden, der auf eine Mine getreten war.

Der Hürtgenwald wurde keine Abkürzung zum Rhein, sondern eines der blutigsten Schlachtfelder des Zweiten Weltkriegs. Dort starben in den letzten Wochen des Jahres 1944 fast 70 000 Menschen, 55 000 davon US-Soldaten. Es war die „Hölle vom Hürtgenwald", wie Beobachter damals schon schrieben. Kälte, Regen, Schnee und ein völlig unübersichtliches Gelände forderten täglich tausende Menschenleben.

Das Dorf Vossenack, das völlig zerstört wurde, wurde sieben- oder achtmal von einer der beiden Seiten erobert und stets war es ein Kampf um jeden Meter Gelände.

Hunderttausende Soldaten, die in dieser Region zum Einsatz kamen, wurden, falls sie überlebten, durch die Brutalität der Kämpfe oftmals für den Rest ihres Lebens traumatisiert. Gerade für amerikanische Militärhistoriker ist der Hürtgenwald angesichts der enormen Verluste ein besonders tragisches Kapitel des Zweiten Weltkriegs. In den wenigen Wochen im Hürtgenwald fielen fast genauso viele US-Soldaten, wie später im gesamten Vietnamkrieg.

Ernest Hemingway als Kriegsberichterstatter

Am 2. November 1944 kam es zur so genannten Allerseelenschlacht. Hier zeigte sich noch einmal der Krieg von seiner schlimmsten Seite und die Eifel war „erfüllt von Kanonendonner und Maschinengewehrsalven", wie es später hieß. Die Amerikaner konnten wegen schlechten Wetters nicht ihre Lufthoheit nutzen und so kam es zu zähen Bodenkämpfen. Übrig blieben ganze Waldstücke, die nur noch aus zerfetzten Baumstümpfen bestanden, und bis auf die Grundmauern zerschossene Dörfer mit unzähligen Toten. Auch der amerikanische Schriftsteller Ernest Hemingway beobachtete damals das Geschehen als Kriegsberichterstatter. Über den ständigen Verlust von Menschenleben schrieb er zynisch: *„Wir bekamen viel Ersatz, aber ich dachte, es sei einfacher, sie dort, wo man sie auslud, zu erschießen, anstatt dass man später versuchen musste, sie von dort zurückzuholen, wo sie getötet worden waren."* Andere Augenzeugen der Kämpfe schrieben, die Nächte seien erleuchtet gewesen von den Abschussblitzen der Geschütze und vom trüben Rot schwelender Brände. Hubert Ramers wohnte damals unmittelbar an der Frontlinie und hat trotz allem Glück gehabt. *„Direkt vor unserem Haus haben wir die vielen Toten und Verwundeten gesehen. Auf den freien Flächen und den Wiesen standen überall die amerikanischen Panzer und Mannschaftswagen und bei uns haben sie die Kampftruppen immer wieder ausgetauscht. Dabei versorgten sie auch die Menschen im Dorf mit allen möglichen Lebensmitteln. Sogar deutsche Kranke haben die Militärärzte der US-Armee behandelt. Die sind damals sehr gut zu uns gewesen."* Herbert Tiehmann aus Dortmund war zur selben Zeit auf der anderen Seite der Front: *„Wir saßen in den Wäldern und hatten uns notdürftig eingegraben. Eigentlich gehörte ich zu einer Fernmelder-Gruppe, aber unsere Leitungen waren immer schon nach wenigen Stunden zerschossen, so dass wir eigentlich nur als einfache Frontsoldaten in den Kampf geschickt wurden. Vierzehn-, fünfzehnjährige Jungen waren bei uns in der Truppe und ich weiß noch, wie laut sie manchmal geweint haben."*

Kampfspuren und Kriegsgräber haben das Gesicht einer ganzen Region verändert. Fast die Hälfte aller Bäume im Hürtgenwald galt nach dem Krieg als total beschädigt. Bis heute will kein Sägewerk Holz aus dieser Zeit kaufen, weil es mit Granatsplittern verunreinigt ist und so bei der Verarbeitung jedes Sägeblatt zerstören könnte. Seit einiger Zeit gibt es den „Pfad des Gedenkens", auf dem man die einstigen Kriegsschauplätze besichtigen kann. In der Gemeinde Hürtgenwald existiert auch ein kleines Museum, das an die schlimmen Kämpfe erinnert.

Weihnachten auf dem Schlachtfeld

Im Spätherbst 1944 plante Alfred Jodl, Chef des Wehrmachtsführungsstabes und engster militärischer Berater Hitlers, einen befreienden Großangriff gegen die Amerikaner. Unter dem Codenamen „Wacht am Rhein" sollten die Ardennen, die sich westlich der Eifel auf belgischem Staatsgebiet erstrecken, erobert werden. Die Vorbereitungen wurden unter strengster Geheimhaltung getroffen, bis man schließlich nur noch auf schlechtes Wetter wartete, damit der Angriff ohne Störung durch alliierte Jagdflugzeuge stattfinden konnte.

Als am 16. Dezember 1944 die Ardennenoffensive begann, war dies der letzte große deutsche Angriff auf die Alliierten im Zweiten Weltkrieg. Hanne-Lore Bethge aus Roetgen, für die der Krieg ja eigentlich schon beendet war, bekam es noch einmal mit der Angst zu tun. *„Die Geräusche wurden immer bedrohlicher. Für uns begannen nochmals bange Stunden. Immerhin hatten uns kurz vor ihrem Abzug zwei deutsche SS-Männer gedroht, sie würden uns an die Wand stellen, wenn wir nicht mit ihnen kämen. Voller Angst dachten wir daran, was passieren würde, falls die deutsche Wehrmacht wieder Fuß fassen sollte.“*

Die Menschen in Roetgen hatten Glück. Der deutsche Vormarsch zielte auf ein Gebiet weiter südlich. Dort konnte die Wehrmacht zwar fast hundert Kilometer vorrücken, aber schon zu Weihnachten wurde deutlich, dass die riskante Offensive ins Stocken geriet. Die Reserven der US-Streitkräfte waren viel größer als erwartet. Die deutschen Soldaten feierten Heiligabend ohne den versprochenen Sieg und eilig abgeschlagene Fichtenbäumchen dienten als Tannenbaumersatz. Mancherorts wurden sie mit von alliierten Flugzeugen abgeworfenen Stanniol-Streifen geschmückt. Die dünne Zinnfolie diente nicht mehr der Täuschung des deutschen Radars, sondern als Lametta.

Eine amerikanische Soldatengruppe verbrachte zur gleichen Zeit das Weihnachtsfest auf eine ganz andere Weise. Am 23. Dezember 1944 war sie in der Nähe des belgischen Marcouray von ihrem Verband isoliert worden, ohne dass sie daraufhin von deutschen Soldaten angegriffen wurde. Über zwei Tage verbrachten die Männer auf von deutschem Militär kontrolliertem Gebiet. Völlig abgeschnitten von aller Welt feierten die Soldaten Weihnachten an der Front. Erst danach schlugen sie sich wieder zu Fuß zu den eigenen Linien durch.

Der letzte Versuch der Deutschen

Am Neujahrstag 1945 kam es dann zum letzten Großeinsatz der deutschen Luftwaffe, um die in Bedrängnis geratene Offensive der Deutschen doch noch zu retten. 1035 Flieger wurden mobilisiert, aber die Operation „Bodenplatte“ geriet dennoch zu einem großen Fiasko. Die Information über den geplanten Luftangriff war so schlecht verbreitet worden, dass zahlreiche Maschinen von der eigenen Flugabwehr unter Beschuss genommen wurden, da die Flaksoldaten zu dieser Zeit schon nicht mehr mit so vielen deutschen Flugzeugen rechneten. Ein Viertel aller Maschinen kam nicht mehr zurück und die Ardennenoffensive über die deutsch-belgische Grenze in der Eifel war endgültig gescheitert, auch wenn sich der Generalstab in Berlin das erst Mitte Januar eingestand. Der Rückzug unter schwersten Bedingungen und ohne ausreichende Versorgung zwang am Ende selbst altgediente Panzerfahrer, auf Pferdefuhrwerke umzusteigen. Die deutschen Frontlinien brachen nach und nach zusammen.

Das große Sterben an Rhein und Ruhr

Fernab der Front fielen in diesen Tagen unvermindert die Bomben der Alliierten auf deutsche Städte. Schon bald nach Kriegsbeginn war auch der deutsche Westen zum Ziel amerikanischer und englischer Bomben geworden und die groß angelegte Bombardierung der Städte hatte sich als eine entscheidende Kriegswaffe etabliert. Das Ausmaß der Zerstörungskraft wurde schon am 30./31. Mai 1942 deutlich, als erstmals mehr als 1000 Bomber gleichzeitig ihre tödliche Fracht über Köln abwarfen. Durch eine verbesserte Flugzeugtechnik und eine fast wirkungslos gewordene deutsche Flugabwehr steigerte sich diese Art der totalen Bombardierung gegen Kriegsende immer mehr.

Kondensstreifen alliierter Bomber: Eine beklemmende Aussicht für die Frontsoldaten, denn das Ziel der Maschinen waren die deutschen Städte hinter der Front.

Die grausame Logik der Bombenangriffe

Mancher stieg nachts erst bei „Vollalarm“ aus dem Bett, um sich in seinen Luftschutzraum zu begeben. Zu unsicher war der „Voralarm“, denn allzu oft handelte es sich dabei um eine Fehlmeldung, da die alliierten Bomber meist erst Scheinziele anflogen. Wer es am Ende wagte, auch bei einem echten Angriff unter freiem Himmel zu sein, konnte sehen, wie die Stadt zunächst mit Leuchtsignalen markiert wurde. Diese langsam hinabschwebenden Signallichter aus Magnesium flogen immer weiter links und rechts von der Abwurfstelle und näherten sich dem Boden, so dass die Lichter etwa zehn Minuten lang ein Dreieck formten, das die Menschen sarkastisch „Christbaum“ nannten. Die eigentlichen Bombenangriffe bestanden dann meist aus drei Wellen. Zunächst fielen Sprengbomben, die mit ihrem bis zu 500 Kilo Gewicht Ziele „öffnen“ sollten. In einer zweiten Welle wurden Brandbomben aus Phosphor und anderen Brennmaterialien abgeworfen, die schwer oder gar nicht löschbar waren und den so genannten „Feuersturm“ entfachen sollten – einen nicht mehr unter Kontrolle zu bringenden Großbrand, der jeden Löscheinsatz unmöglich machte. Die Menschen in den Kellern starben dann oft an Sauerstoffmangel, weil das Feuer ihnen die Atemluft verbrannte. Als dritte Welle wurden wieder Spreng- und Splitterbomben abgeworfen, die zum Teil mit Verzögerungszündern ausgestattet waren, um auch die Rettungskräfte zu treffen. Menschen verbrannten, Menschen schrieen um Hilfe und waren doch verloren. Der „totale Krieg“ wurde zur bitteren Realität.

Bombenopfer in Bochum: Am 4. November 1944 starben dort mehr als 1200 Menschen, 70 000 wurden obdachlos.

Im Sommer 1944 begannen die Amerikaner mit groß angelegten Bombardierungen auch tagsüber, da die deutsche Flugabwehr nahezu wirkungslos geworden war. Das Foto zeigt Flugzeuge der 8. US-Bomberflotte, die ihre Ladung über Dortmund abwerfen.

Die Innenstadt von Düsseldorf nach dem Luftangriff vom 11.September 1942. Fast alle großen Städte zwischen Rhein, Ruhr und Weser wurden in den folgenden Jahren durch Bombardierungen zerstört.

Die Bombardierung der deutschen Städte war inzwischen perfektioniert worden. So gab es zum Beispiel eine klare Arbeitsteilung der Angreifer: Die englischen Bomber kamen in der Nacht und warfen ihre Bomben vorrangig in die Stadtzentren, um die Moral der Bevölkerung zu untergraben, so das erklärte Ziel des englischen Bombenstrategen Sir Arthur Harris. Die Amerikaner hingegen kamen bei Tageslicht und ihr Ziel waren vor allem strategisch wichtige Punkte der deutschen Kriegsinfrastruktur. Bei der damaligen Treffgenauigkeit machte es allerdings kaum einen Unterschied, ob nun eine englische oder amerikanische Bombe das eigene Haus zerstörte. In fast jeder Stadtchronik Nordrhein-Westfalens sind heute jene „schwarzen Tage" verzeichnet, an denen ganze Stadtteile dem Erdboden gleichgemacht wurden, zum Beispiel in Bielefeld (30.9. 1944), in Bonn (18.10.1944) oder Siegen (14.12. 1944) – die Liste der großen und kleinen Bombenangriffe ist fast endlos, da die Alliierten fast täglich Einsätze flogen.

Der Bombenkrieg im Radio

Fast jeder, der die damalige Zeit bewusst miterlebt hat, kann sich an die Radiodurchsagen der amtlichen Luftwarndienste in der Region erinnern. Franz van der Kemp, der damals in Essen-Steele lebte, ist der Klang des örtlichen Senders „Ticker" noch im Ohr: *„Achtung! Achtung! Mitteilung an alle! Feindliche Bomberverbände über der Schelde mit Ostkurs"*, kann er heute noch ohne zu Überlegen den Klang der Durchsagen nachsprechen. *„Zu hören waren immer nur Luftwaffenhelferinnen, es gab keine männlichen Sprecher. Und jede Nacht warteten wir bei*

Die meisten Menschen kannten „ihren" Code: „Konrad Siegfried zwei" war beispielsweise die Kennung für Paderborn.

Bonn vor dem 18. Oktober 1944. Um sich eine Vorstellung von der Zerstörungskraft der alliierten Bombenangriffe machen zu können, hilft ein Blick auf die zahlreichen Luftaufnahmen, die damals zur Kontrolle von den Alliierten gemacht wurden.

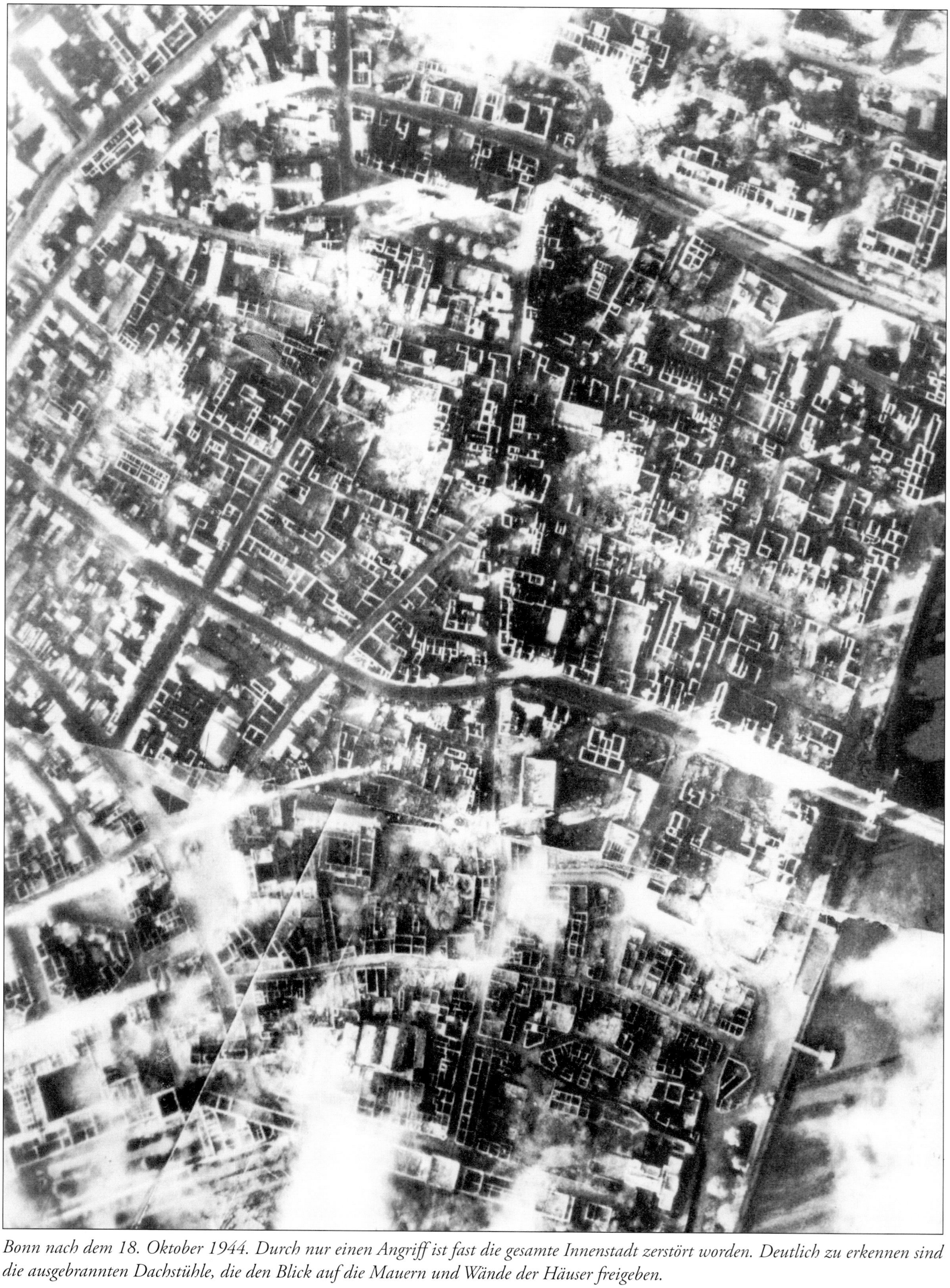

Bonn nach dem 18. Oktober 1944. Durch nur einen Angriff ist fast die gesamte Innenstadt zerstört worden. Deutlich zu erkennen sind die ausgebrannten Dachstühle, die den Blick auf die Mauern und Wände der Häuser freigeben.

Wir hatten solche Angst: Bombenkrieg in den Städten

„Voralarm, Hauptalarm, Akuter Alarm, Entwarnung: Diese Worte brannten sich in unseren Sprachgebrauch ein."
Ingeborg Lenk-Schikowski aus Kamp-Lintfort

„Wie oft sind wir nachts von dem Dröhnen der Bomberverbände wach geworden, standen auf, zogen uns an und hofften, die feindlichen Bomberkolonnen würden weiterfliegen. Aber immer flogen sie nicht weiter. Mehrfach war auch unsere Stadt das Ziel der Einsätze. Viele Einzelheiten haben sich unauslöschlich eingeprägt."
Josef Gräbener aus Wilgersdorf bei Siegen

„Von der Kelleraußentreppe schaute ich nach oben. Die Flugzeuge flogen sehr hoch und waren kaum zu erkennen. Dafür sah ich mit Schrecken viele schwarze Punkte auf mich zukommen: Bomben. Die Eltern kamen schon die Treppe heruntergerannt. Wir waren gerade in dem von meinem Großvater vorschriftsmäßig eingerichteten Luftschutzkeller, als die ersten Bomben explodierten. An der Tür waren oben und unten zusätzliche Verschlussriegel angebracht, aber der Luftdruck der stetig explodierenden Bomben war stärker. Ich schrie nach meinem Vater, er sollte mir helfen, die Tür zu schließen. Er hörte mich nicht. Die Kellerfenster waren rausgeflogen und die Detonationen drückten Staub und Schutt in Orkanstärke durch die Löcher. Ich hörte, wie meine Eltern Gott anriefen und um Hilfe baten."
Karlheinz Derwall aus Jülich

„Mein Vater lief vor mir die Treppe hinauf bis zum 2. Stock, dann in die Küche der jungen Nachbarin. Doch kaum war er drinnen, da sprang er wieder schreiend heraus. Eine Brandbombe, eine Stabbombe war explodiert, als er sie berühren wollte! Sie hatte ihr Unheil in sein Gesicht und auf seine Hände gespritzt. ‚Mädchen, ich kann nichts sehen', rief er mir zu. Ich war entsetzt, half meinem Vater die Treppe herunter und lief ins Vereinshaus, in dem ein Reserve-Lazarett untergebracht war. Ich klopfte und schrie: ‚Mein Vater ist verwundet!' Doch alles war verschlossen. ‚Aber da muss doch ein Arzt drinnen sein', dachte ich. Um mich herum schlugen Stücke der Flak ein, das klackte und polterte. Einige Nachbarn, die mich gehört hatten, riefen: ‚Fräulein, kommen sie von der Straße!' Aber ich habe gewartet, bis ein Arzt kam und meinen Vater mit Öl provisorisch versorgte, später kam er ins Krankenhaus. Mein Vater kam dann mit einem weißen Gesicht und dick geschwollenen Händen nach Hause. Aber alles ist gut verheilt."
Anna Katharina Rossbach aus Köln

„Flugzeuggeräusche ängstigten uns Kinder noch lange."
Hildegard Waterkamp aus Iserlohn

„Es war an einem wunderschönen sonnigen Sommertag. Fröhlich spielte eine Kapelle und für einen Augenblick hatten wir den Krieg mit seinen Grausamkeiten vergessen. Ich saß mit fünf Studenten am Tisch in fröhlicher Unterhaltung. Plötzlich, was war das? Die Kronleuchter unter der Decke klirrten, schwankten. Der ganze Saal wankte wie ein Vulkan. Alle sprangen von ihren Sitzen hoch. Wir rannten über die Straße, wollten in den Bahnhofsbunker. Gottlob schaffte ich es. Immer wieder heulten die Sirenen und mit einem zischenden Laut hörten wir die Bomben einschlagen. Plötzlich ein überlauter Knall. Ein Rucken ging durch meinen Körper, ich fiel mit der ganzen Wand hintenüber. Ich war unversehrt, aber im Nebenraum hatte die Wand 240 Menschen begraben. Die Sirenen gaben Entwarnung. Wir krochen aus unserem Bunker und was wir erblickten, war grauenvoll. Überall stiegen wir über verkohlte Leichen. Der Bahnhof, der Bahnhofsvorplatz voller Leichen, verbrannt, ausgerissene Arme, Beine, abgetrennte Köpfe, Soldaten, Zivilisten, Alt und Jung. Von den fünf Studenten sah ich nichts mehr. Erst Wochen später, ich war wieder in dem Lokal, sprach mich ein sehr schmaler, blasser Herr an. ‚Fräulein Steffi, kennen Sie mich nicht mehr?' Ich sah den Studenten an und musste weinen."
Stefanie Ueter aus Beckum-Neubeckum, damals Münster

eingeschaltetem Radio auf die neuesten Meldungen zu den Flugbewegungen der Alliierten. Rechtzeitig zu wissen, wann genau Vollalarm gegeben wurde, war für uns damals überlebenswichtig. Nur eine Minute zu spät in den Bunker zu laufen, konnte damals den Tod bedeuten. Das war wie die Verkehrshinweise heute, nur eben tausendmal wichtiger."

Doch die örtlichen Sender waren nur ein Teil des Warnsystems. Am wichtigsten war der amtliche Luftlagewarndienst „Primadonna". Wie wohl kaum ein anderer Radiosender hat sich die „Funksendezentrale 276" in das kollektive Gedächtnis einer ganzen Generation eingebrannt, denn über seine Frequenz LW 207 kHz erfuhren die zuständigen Stellen im Land als Erstes von drohenden Luftangriffen. Mehrere dieser Sender waren im ganzen Reich verteilt und trugen Namen wie „Kreuzotter", „Horizont" oder „Rosenkavalier". „Primadonna" sendete vom 424 Meter hohen Mönkeberg im Eggegebirge in Westfalen.

Das Prinzip war einfach: Vorposten im Westen meldeten feindliche Luftbewegungen an eine zentrale Leitstelle. In Gütersloh und zeitweise auch in Wiedenbrück wurden die Meldungen analysiert und verarbeitet. Schließlich verkündeten Rundfunksprecher mit sachlichem Ton die aktuellen Warnhinweise, gerichtet an das Militär und örtliche Luftschutzdienste – in codierter Form. „Feindliche Verbände im Anflug auf Konrad Siegfried zwei" lautete dann beispielsweise der Hinweis für die Stadt Paderborn. Die Durchsagen waren verschlüsselt, damit die Bevölkerung erst nach den amtlichen Stellen gewarnt wurde.

Der Code von „Primadonna" war aber vielen Menschen bekannt. Der Warndienst hatte die Fläche des Sendegebiets in ein Gitternetz aus Buchstaben und Zahlen eingeteilt, wodurch jede Stadt ihre eigene Kennung bekam. Der reine Überlebenswille brachte nun die Menschen dazu, durch genaue Protokollierung der Warnungen eine eigene Ausgabe des Gitternetzes nachzuzeichnen.

Der Vormarsch auf den Rhein

Während die großflächigen Bombardierungen immer mehr Menschen im Land an den Rand der Verzweiflung brachten, standen die Alliierten im Februar 1945 kurz davor, endgültig bis zum Rhein vorzustoßen. Die Schwierigkeiten der vergangenen Wochen und Monate, vor allem nach der gescheiterten Luftlandung in Arnheim im September 1944 und den enormen Verlusten im Hürtgenwald, veranlassten die alliierten Generäle sorgfältigere Vorbereitungen zu treffen.
Am Niederrhein hatten Amerikaner, Briten und Kanadier beträchtliche Truppenkontingente und große Mengen Material bereitgestellt, um über Kleve und Kalkar nach Xanten vorzustoßen. Es war das erklärte Ziel Feldmarschall Montgomerys, mit dieser Aktion den Rheinkilometer 815, also die Stadt Wesel zu erreichen, um dort einen Rheinübergang aufbauen zu können. Noch standen die Alliierten aber bei Rheinkilometer 860 an der niederländischen Grenze. Soldaten aus Kanada eröffneten schließlich die Operation „Veritable" zur Eroberung des linksrheinischen Niederrheins. Am 8. Februar 1945 erfolgte zunächst der Angriff auf Nimwegen. Noch am gleichen Tag erreichten die Alliierten den Reichswald bei Xanten, drei Tage später war Kleve in alliierter Hand. Der deutschen Abwehr machte hier ein neuartiger „Flammpanzer" der Alliierten zu schaffen, eine Art fahrbarer, überdimensionaler Flammenwerfer. Seine Reichweite war mit 100 Metern größer als die der deutschen Panzerfäuste. Hinzu kamen die in diesen Tagen unentwegt fallenden Bomben, abgeworfen vor allem aus britischen Flugzeugen. Die Krater der neuen 5200-Kilo-Bombe mit dem Namen „tall boy", „großer Junge", waren so groß, dass sie später als Sammelstelle für Kriegsgefangene dienen konnten. Gottfried Kranen aus Pfalzdorf bei Goch erinnert sich noch an die Soldaten, die schließlich auch in ‚seinen' Luftschutzkeller kamen. *„Ein junger kanadischer Soldat kam in Begleitung von zwei weiteren Soldaten und begrüßte uns in unserem Verließ mit ‚Heil Hitler'. Als es keine Erwiderung gab, erklärte meine Mutter: ‚Das hab ich denen erst gar nicht beigebracht'. Damit war das Eis gebrochen. Der Kanadier sprach deutsch und fragte noch einiges.*

Amerikanische Soldaten und Panzer bei der Ankunft in Düren. Nach langen Kämpfen in Aachen und in der Eifel konnten sie im Februar 1945 schließlich die Rur überschreiten und weiter Richtung Köln vorstoßen.

Dann rückten die Soldaten weiter vor Richtung Rhein und wenig später wurden belgische Soldaten einquartiert.“
Zwischen Aachen und Köln wiederum hatten deutsche Soldaten unterdessen tatsächlich ein künstliches Hochwasser erzeugt. Die geöffneten Rurtalsperren in der Eifel sorgten für das befürchtete Chaos aus Schlamm und Wasser, das nur abgestellt werden konnte, indem die Amerikaner die Staudämme eroberten. Die bereitstehenden Truppen mussten dann noch einmal warten, bis der Pegel der Rur wieder gesunken war. Am 23. Februar 1945 begann auch in der Kölner Bucht der Vorstoß Richtung Rhein.

Neue Nazi-Verbrechen kündigten sich an

Trotz aller Not gab es im Frühjahr 1945 keinen wirksamen politischen Widerstand gegen den sinnlosen Kampf „bis zum letzten Mann“. Wenn es ihn gab, war er zumindest nicht mehr durchgreifend organisiert. Am 10. November 1944 hatte die Geheime Staatspolizei (Gestapo) noch sechs Mitglieder der so genannten „Edelweißpiraten“ in Köln-Ehrenfeld hinrichten lassen. Obwohl es in vielen Städten zum Teil organisierte Widerstandsgruppen gab, waren es letztendlich vor allem Einzelpersonen, denen „Heimtücke“ oder „Wehrkraftzersetzung“ vorgeworfen wurde – Tatbestände, bei denen es ausreichte, von jemandem beschuldigt zu werden, einen „Feindsender“ abgehört zu haben. Karla Geismann aus Neuss schildert in ihren Erinnerungen einen typischen Fall, so wie sie ihn damals als Kind miterlebte: *„Es muss etwa um den 10. Dezember 1944 herum gewesen sein, als ein Schulkamerad von meinem Bruder Hermann uns besuchen kam. Ich habe ihn begrüßt, bin aber bei dem folgenden Gespräch mit Mutter nicht dabei gewesen. Der Schulkamerad wollte sich nach meinem älteren Bruder erkundigen, und Mutter hat dann offensichtlich kräftig über diesen wahnsinnigen Krieg und all das Elend geschimpft und unter anderem gesagt: ‚Hitler, das Schwein‘. Der Schulkamerad muss dann sofort Anzeige erstattet haben. Wenige Tage später erschien ein Gestapo-Offizier zum Verhör bei uns im Haus. Das endete damit, dass er Mutter gleich verhaften wollte, sie aber nur wegen mir noch einige Tage zu Hause ließ, bevor sie dann schließlich endgültig abgeführt wurde.“* Zum Glück für die ganze Familie hat Karla Geismanns Mutter die brutale Gestapo-Haft überlebt.
Viele Menschen gerieten noch in den letzten Kriegstagen in Lebensgefahr, darunter vor allem Kriegsgefangene und Zwangsarbeiter. Je näher die alliierten Truppen vorrückten, desto öfter dachten die verantwortlichen Nationalsozialisten über

„Himmelfahrtskommando“: Für gefährliche Arbeiten, wie zum Beispiel die Räumung von Blindgängern, wurden vorwiegend Zwangsarbeiter eingesetzt.

Die Zahl der Zwangsarbeiter im Deutschen Reich stieg bis 1945 auf 8,4 Millionen Menschen.

deren Liquidierung nach, und so verschlechterte sich ihre Situation in diesen Tagen noch einmal dramatisch. Durch brutale Verschleppungsaktionen hatte sich die Zahl der Zwangsarbeiter im Deutschen Reich von 3,5 Millionen 1941 auf 8,4 Millionen Menschen Ende 1944 erhöht. Sie wurden vor allem aus Polen, Russland, aber auch aus Frankreich, Italien und anderen europäischen Ländern ins Reichsgebiet gezwungen, um dort nur noch für das brutale deutsche Unterdrückungssystem zu leben. Im so genannten „Reichseinsatz" arbeiteten sie für die deutsche Kriegsmaschinerie unter Bedingungen, die gegen Kriegsende immer unmenschlicher wurden. Sie litten unter unzureichender Ernährung, mussten täglich oft mehr als zwölf Stunden Schwerstarbeit leisten und durften bei Bombenangriffen meist nicht wie die deutschen Arbeiter in sichere Luftschutzräume.

Die Zwangsarbeiter rückten ins Blickfeld, weil die deutschen Behörden nun Sabotageakte und Widerstand von ihnen befürchteten. Zwar wurden auch bisher schon Plünderungsversuche oder Anzeichen von organisiertem Widerstand bei den Zwangsarbeitern mit dem Tode bestraft, doch nun verschärften die Nationalsozialisten noch einmal ihre Handhabe: Nach der Unterbrechung der direkten Kommandoverbindungen vom Ruhrgebiet zum Reichssicherheitshauptamt in Berlin delegierte die Gestapozentrale bereits am 24. Januar 1945 die Zuständigkeit für die Anordnung von Zwangsarbeiterhinrichtungen an jede einzelne Gestapo-Leitstelle. Jeder Zwangsarbeiter und jede Zwangsarbeiterin konnte nun bereits von untergeordneten Stellen einer „Sonderbehandlung" unterzogen, also ohne weitere Gerichtsverhandlung getötet werden.

Die Situation Anfang März 1945

Die Alliierten indes schoben ihre Truppen immer weiter ins Land. Nachdem sie sich im Februar auf der Konferenz von Jalta über die grundlegende Nachkriegsordnung verständigt hatten, wollten sie nun den Krieg in Europa schnell beenden. So wie sich die Rote Armee im Osten bereits an das Ufer der Oder vorgekämpft hatte, sollten nun auch im Westen schnellstmöglich alle Städte entlang des linken Rheinufers erobert werden. Die strategisch überaus bedeutsame Eroberung der Brücke von Remagen am 7. März 1945 stand unmittelbar bevor. Die Führung der Nationalsozialisten entschloss sich in diesen Tagen, nun auch den Jahrgang 1929 zum regulären Wehrdienst einzuziehen und so aus fünfzehnjährigen Jungen Soldaten zu machen.

Das westliche Rheinland stand kurz vor seiner endgültigen Eroberung durch die Alliierten. Unzählige deutsche Soldaten wurden von den Alliierten in die Kriegsgefangenschaft geführt. Solche Szenen wie hier am 24. Februar 1945 an der Rur gab es jetzt immer öfter zu sehen.

Der Übergang: 7. März 1945 bis 1. April 1945

Im März 1945 erreichten die Alliierten den Rhein entlang des gesamten Westufers. Wesel und Remagen wurden zu den Übergangsstellen der Alliierten auf ihrem Weg Richtung Osten. Nun schafften sie es innerhalb weniger Tage, das Ruhrgebiet vollständig zu umgehen, so dass die nördlichen und südlichen Truppen im Osten wieder aufeinander zu marschierten. Die Alliierten hofften, ihre Truppen bei Paderborn wieder vereinigen zu können und so das gesamte Ruhrgebiet mit über 300 000 deutschen Soldaten weiträumig einzuschließen. Der Kriegsverlauf im Westen beschleunigte sich nun zusehends.

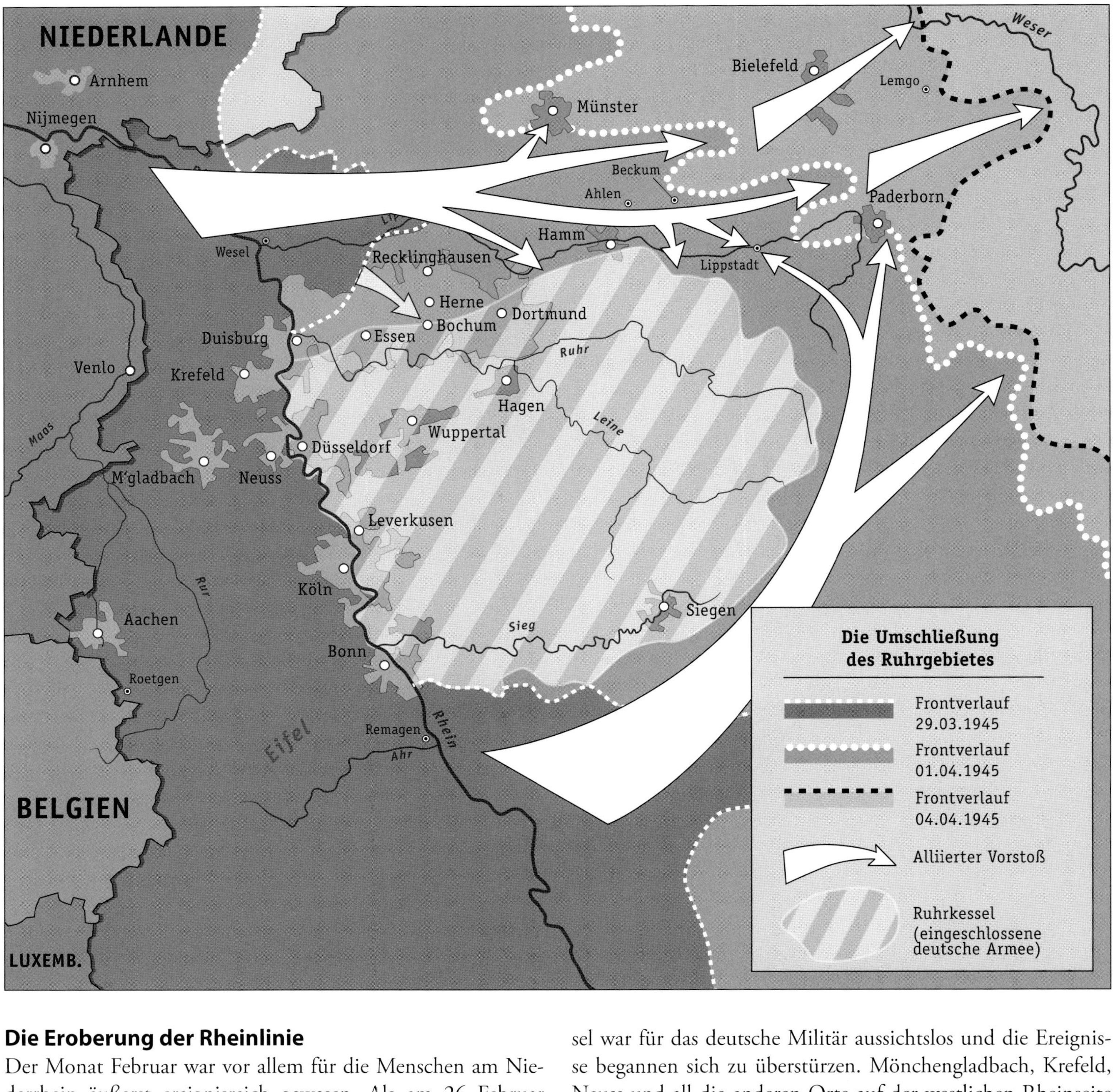

Die Eroberung der Rheinlinie

Der Monat Februar war vor allem für die Menschen am Niederrhein äußerst ereignisreich gewesen. Als am 26. Februar 1945 rund 15 000 Granaten auf deutsche Stellungen bei Wesel geschossen wurden, konnten die Alliierten die Einschläge ihrer Artillerie bereits direkt beobachten. Kurz zuvor hatten sie den Paulsberg bei Uedem erobert, einen Aussichtspunkt über das ansonsten recht flache Land in dieser Gegend. Die Lage in Wesel war für das deutsche Militär aussichtslos und die Ereignisse begannen sich zu überstürzen. Mönchengladbach, Krefeld, Neuss und all die anderen Orte auf der westlichen Rheinseite wurden zügig von den Alliierten eingenommen.

Auch in Köln, wo die Menschen am 2. März 1945 ihren letzten Bombenangriff überstanden hatten, kam es zu letzten Gefechten direkt vor dem Dom. Dort hatte sich ein deutscher Panzer postiert und wurde erst ganz zum Schluss von den vorrücken-

6. März 1945: US-General Maurice Rose (rechts) war einer der ersten hohen US-Generäle im eroberten Köln.

den US-Truppen als Gefahr erkannt. Einem Kameramann der US-Armee gelangen dramatische Aufnahmen von den letzten Schüssen der deutschen Truppen in dieser Stadt. Zufällig filmte er gerade die Szenerie mit dem vermeintlich verlassenen Fahrzeug, als daraus der erste Schuss abgefeuert wurde.

In Remagen versagten die Zündkabel

Am 7. März 1945 wurde der Erfolg des Vormarsches auf ganzer Linie deutlich. Die US-Armee meldete die Einnahme einer unbeschädigten Rheinbrücke 15 Kilometer südlich von Bonn. Das war die Brücke von Remagen, die einst im Ersten Weltkrieg für den schnelleren Transport deutscher Soldaten an die Westfront gebaut worden war. Karl-Georg Wagner aus Swisttal war damals 13 Jahre alt und erinnert sich noch an seine Angst: *„Das war der schlimmste Moment in meinem Leben. Wir waren damals so indoktriniert, dass wir gedacht haben, jetzt ist es aus, jetzt bringen die Amerikaner uns alle um. Das war mein erster Gedanke damals.“* Den Amerikanern gelang an dieser Stelle, was ansonsten stets von deutschen Sprengtrupps verhindert wurde. In Städten wie Köln, Wesel und Krefeld hatten sie das bereits unter Beweis gestellt. Dort lagen nur noch die Trümmer der Rheinbrücken im Wasser. Ganz knapp verfehlten die Amerikaner ihr Ziel in Düsseldorf. Nachts hatten sie sich als deutsche Armeeeinheit getarnt und dazu sogar einige Deutsch sprechende Soldaten auf den Panzern postiert. Nach einer erfolgreichen Fahrt durch die feindlichen Linien, kurz vor Erreichen der Brücke, erkannte ein zufällig vorbeikommender Fahrradfahrer das Täuschungsmanöver und schlug den entscheidenden Alarm. Die Brücke flog in die Luft.

Auch in Remagen war ein Sprengtrupp zur Stelle gewesen, doch im entscheidenden Moment versagte die Zündung und gleich fünf Dutzend Sprengladungen konnten nicht explodieren. Die Amerikaner standen bereits am Westufer und nahmen die Deutschen auf der gegenüberliegenden Seite unter Feuer. Die mussten sich daraufhin zurückziehen und schließlich die Verteidigung ganz einstellen. Zu lange hatten sie versucht, vor der Ankunft der Amerikaner noch Kriegsmaterial über die Brücke zu schaffen. Seit Napoleon konnte nun zum ersten Mal an dieser Stelle eine fremde Armee den Rhein überschreiten, obwohl es in den nächsten Tagen noch hunderte Flugzeugangriffe der deutschen Luftwaffe gab, um die Brücke doch noch zum Einsturz zu bringen. Das ist auch Karl-Georg Wagner in Erinnerung geblieben: *„Immer wieder kamen einzelne deutsche Flieger, um die Brücke doch noch zu treffen. Daraufhin feuerten die Amerikaner jedes Mal aus allen Rohren, so dass es wie ein riesiges Feuerwerk klang. Vor allem die Leuchtspurmunition beeindruckte uns Kinder damals sehr und wir haben aus sicherer Entfernung das Geschehen beobachtet.“* Selbst Kampftaucher konnten am Ende nicht verhindern, dass schon drei Tage später 20 000 US-Soldaten an der Brücke auf den Befehl zum weiteren Vormarsch warteten und weitere Übergänge aus Pontons gebaut wurden, um die bereits einsturzgefährdete Brücke entbehrlich zu machen. Tatsächlich brach sie auch zehn Tage nach ihrer Eroberung endgültig zusammen und riss dabei noch 28 US-Soldaten in den Tod. In den verbliebenen Brückentürmen am westlichen Rheinufer befindet sich heute das Friedensmuseum von Remagen, das noch von vielen amerikanischen Veteranen und ihren Nachkommen besucht wird.

Die Hohenzollernbrücke war die letzte Brücke in Köln, die von den flüchtenden deutschen Soldaten gesprengt wurde.

Für den unerwarteten Erfolg der Amerikaner bezahlten vier deutsche Kommandeure mit ihrem Leben. Sie kamen zwischen Bonn und Siegen vor ein „fliegendes Standgericht" und wurden an Ort und Stelle und ohne große Gerichtsverhandlung zum Tod durch Erschießen verurteilt. Unter ihnen war auch ein Soldat, der zum fraglichen Zeitpunkt gar nicht bei der Brücke war. Der eigentlich für die Brückensicherung zuständige Hauptmann, der auch zum Tode verurteilt wurde, geriet hingegen in amerikanische Kriegsgefangenschaft, die ihm das Leben rettete.

Bei Wesel fällt die letzte Stellung

Rund um den letzten deutschen Brückenkopf auf der westlichen Rheinseite gegenüber von Wesel hofften nun viele deutsche Soldaten auf den Befehl, sich auf das rettende Ostufer zurückziehen zu dürfen. Der Bomben- und Granatenhagel der übermächtigen Alliierten ließ ohnehin keine aktiven militärischen Operationen mehr zu. Doch erst am 9. März 1945, zur gleichen Zeit wurde Bonn den Alliierten übergeben, kam der ersehnte Befehl zur Räumung der linken Rheinseite und zur Sprengung der Weseler Rheinbrücke.

Hitler war so erbost über die Entwicklungen an der Westfront, dass bei ihm nun selbst der greise Oberbefehlshaber West, Generalfeldmarschall Gerd von Rundstedt, in Ungnade fiel. Er wurde ersetzt durch Albert Kesselring, der freilich selbst als bedingungsloser Gefolgsmann Hitlers nicht rückgängig machen konnte, was schon geschehen war.

Der britische General Bernhard L. Montgomery trieb auch weiterhin die alliierten Planungen zur Rheinüberquerung am Niederrhein mit Hochdruck voran. Rund 1700 Niederländer, 5900 Tschechen, 6700 Belgier, 15 000 Polen, über 180 000 Kanadier, fast 330 000 Amerikaner und mehr als 740 000 Engländer standen am Niederrhein für einen weiteren Vorstoß bereit. Eines der größten Luftlandeunternehmen der Geschichte stand bevor. Insgesamt waren an dem Rheinübergang 1,3 Millionen alliierte Soldaten beteiligt – eine ähnliche Anzahl steht heute der US-Armee auf der gesamten Welt zur Verfügung.

Noch mehr Bomben auf das Ruhrgebiet und Westfalen

Seit Beginn der letzten Eroberungswelle des linken Rheinufers fielen wieder verstärkt Bomben auf das Ruhrgebiet und Westfalen. Damit sollte das zukünftige Angriffsgebiet der Alliierten „sturmreif" gebombt werden. Die Dortmunder erlebten noch am 12. März einen 1000-Bomber-Angriff. Es war mit 4800 Tonnen Bomben einer der gewaltigsten Bombenangriffe des Zweiten Weltkriegs auf eine Stadt. Auch in vielen anderen Städten mussten nochmals hunderttausende Menschen kurz vor Kriegsende in Luftschutzkellern um ihr Leben bangen, so wie zum Beispiel in Haltern am 9. März, in Essen am 11. März, in Marl am 17. März, in Coesfeld am 21./23. März oder in Gütersloh und Recklinghausen am 23. März. In Paderborn, das den Krieg bisher relativ unbeschädigt überstanden hatte, versank noch am 27. März 1945 fast die gesamte mittelalterliche Altstadt in Trümmern, und auch hier kamen viele Menschen ums Leben.

Ein alltäglicher Anblick in den Städten des Ruhrgebiets: Wohnviertel wie hier in der Dortmunder Sudermannstraße waren größtenteils zerstört.

Sie waren noch Kinder: Der gefährliche Dienst der Flakhelfer

Zum Kriegsende hin waren jugendliche Flakhelfer, darunter auch Frauen, für das deutsche Militär unverzichtbar geworden, um auf alliierte Flugzeuge schießen zu können. Reichsweit sollen rund 200 000 Flakhelfer an den Flugabwehrkanonen (Flak) eingesetzt worden sein. Oft konnte eine Einheit nur noch auf einen einzigen voll ausgebildeten Soldaten zurückgreifen, alle anderen erfahrenen Kräfte waren längst an die Front geschickt worden. Rolf Voetz aus Düsseldorf-Derendorf war damals 16 Jahre alt und kann sich heute nur über sich selbst wundern: *„Mit der Ideologie der NSDAP aufgewachsen, waren wir mit Begeisterung dabei."* Und Irma Beckmann aus Steinhagen/Westf. schildert das Training von damals: *„Am Morgen ging es dann richtig los. Wir wurden als Flakhelferinnen eingeteilt und mussten jetzt erst einmal die anderen Dienstgrade lernen. Weiterhin wurden wir in Flugzeug-Erkennungsdienst und Leuchtlehre unterrichtet. An unseren Scheinwerfern mussten wir jede Schraube kennen. Der Scheinwerferstrahl sollte die Flugzeugbesatzung blenden und zum Absturz bringen."*

Der Erfolg war freilich bescheiden, denn eine effektive Flugabwehr war nicht das vordringlichste Ziel der Nazi-Strategen gewesen. Das zeigte sich schon 1942, als Hitler die sofortige Verlegung von 120 000 Luftabwehr-Soldaten vom Heimatdienst an die Ostfront befahl – und die damit zu Hause ganz einfach fehlten. Schon früh kam deshalb der für die Luftabwehr verantwortliche Hermann Göring auf die Idee, die damals jugendlichen Jahrgänge 1926 und 1927 für die „Heimatfront" zu verpflichten. Sie sollten möglichst nah bei Schule und Elternhaus die fehlenden Kräfte ersetzen. Der Widerstand vieler Eltern war zwecklos und die offiziell zu „Luftwaffenhelfern" ernannten Jugendlichen wurden zu einem wichtigen Element der nationalsozialistischen Kriegsführung.

Die Flakbatterien, um die zahlreiche Erzählungen und Geschichten eine nur schwach verbrämte Kriegsromantik gesponnen haben, waren für die damaligen Jungen und Mädchen oft auch ein großes Abenteuer. Sie begegneten der Gefahr aus der Luft, der sie in den Luftschutzkellern ohnehin passiv ausgeliefert waren, in einer direkten Weise. Vielen Flakhelfern ist zum Beispiel bis heute positiv in Erinnerung geblieben, dass für ihren „Dienst" fast täglich die Schule ausfiel. Auch Klaus Voets erinnert sich daran: *„Wir mussten viele Stunden arbeiten. Jedes Geschütz hatte zwei Mannschaften mit 24-Stunden-Dienst am Geschütz, mit anschließend 24 Stunden Ruhezeit im ca. 250 Meter entfernten Bunker. Da hatten wir kaum Zeit, auch noch an die Schule zu denken."*

Zusammen mit so genannten „Blitzmädeln", die Funkmeldungen weiterleiteten, und auch mit Zwangsarbeitern, die sich für eine bessere Behandlung oft freiwillig zu dieser Art Arbeit meldeten, bildeten die Flakhelfer eine sehr gemischte Gruppe aus allen Schichten der Gesellschaft. Gemeinsam absolvierten sie Waffentraining, Wachdienste, Schanzarbeiten und Schießübungen. Nur auf die Übermacht der alliierten Bomber waren sie nicht vorbereitet. Sooft ein Flugzeug abgeschossen werden konnte, sooft wurden auch Flak-Stellungen von alliierten Bomben vernichtet. Auch daran erinnert sich Klaus Voets: *„Einmal nachts beim Wachwechsel krepierte ein 5-cm-Geschoss aus dem Granatwerfer einem Fahnenjunker zwischen den Beinen. Wir hatten kaum Verbandszeug. Als Jüngster musste ich laufen wie nie. Mit einem Hechtsprung bin ich in den Unterstand, da explodiert hinter mir eine Schrapnellgranate. Ich habe einfach bloß Schwein gehabt."*

Im letzten Kriegsjahr wurden die Flakhelfer immer öfter auch an Einsatzorte verlegt, die weitab der Heimat lagen. Mancher wurde aus dem Ruhrgebiet bis nach Oberschlesien versetzt, mitten ins Kriegsgebiet, und Jugendliche mussten plötzlich Soldaten sein.

Großes Abenteuer und sinnlose Todesgefahr: Zwischen diesen Extremen schwanken die Erinnerungen der Flakhelferinnen und Flakhelfer.

Normale Särge, hier 1943 in Düsseldorf fotografiert, wurden immer seltener. Die Luftangriffe forderten so viele Opfer, dass gegen Kriegsende in vielen Städten die mehrfache Verwendung von Särgen üblich wurde.

Zum wohl dramatischsten Ereignis rund um die verstärkten Bombardierungen kam es am 15. März 1945 in der Nähe des Hauptbahnhofs von Hagen, als eine der unzähligen Bomben in einen voll besetzten Hochbunker einschlug. Der Volltreffer riss ein mehrere Meter großes Loch in die dicken Betonwände und konnte seine volle Zerstörungskraft direkt zwischen den Menschen entfalten, die dort Schutz gesucht hatten. Noch während ringsum die Häuser brannten, begannen die Hilfskräfte inmitten von schwelenden Trümmern und grausam entstellten Körpern nach Überlebenden zu suchen. Die Liste der Toten umfasste 400 Menschen.

Waffentest bei Bielefeld

Zusätzlich zu den Städtebombardierungen gab es noch ein so genanntes „Ruhrabriegelungs-Programm". Mit ihm sollten alle wichtigen Verkehrswege rund um das Ruhrgebiet abgeschnitten werden. In diesem Zusammenhang flog am 14. März 1945 ein britisches Bombergeschwader mit einem Spezialauftrag in Richtung Bielefeld. Ziel war das große Eisenbahnviadukt bei Bielefeld-Schildesche, das ein Teil der wichtigen Ost-West-Verbindung zwischen Köln und Berlin darstellt. Schon mehrere Male hatten die Alliierten versucht, dieses Bauwerk zu zerstören – bislang vergeblich. Bei der damals verfügbaren Sprengkraft konnten Bomben nur dann ein so schmales Ziel wie eine Eisenbahntrasse zerstören, wenn sie hundertprozentig genau trafen. Die Zielgenauigkeit aber war damals ein großes Problem. Nur zwei Wochen zuvor waren die Amerikaner gescheitert, als sie eine Ladung von über 200 Tonnen Bomben über dem Zielgebiet abwarfen.

Als die Engländer in Sichtweite des Eisenbahnviadukts kamen, waren die Spuren des letzten Angriffs noch zu erkennen. Rund um die Eisenbahnlinie gab es etliche Bombenkrater, die sich inzwischen mit Wasser gefüllt hatten. An diesem Tag sollte der entscheidende Krater hinzukommen. Die Ladung des englischen Bombers, der seine Zielgeräte auf das Eisenbahnviadukt justierte, bestand aus einer einzigen, neuartigen Spezialbombe, deren Sprengkraft alles bisher Bekannte in den Schatten stellte. Der Sprengkörper vom Typ „Grand Slam" („Großschlag") wog zehn Tonnen, bestand zu über der Hälfte aus reinem Sprengstoff und war mit seinen fast acht Metern so groß, dass er nicht einmal in den Laderaum des größten damals verfügbaren Flugzeugs der Engländer passte, einer Avro Lancaster. Die Bombe hing stattdessen an der unteren Außenhaut des ansonsten von allem überflüssigen Ballast befreiten Flugzeugs.

Der Abwurf der Riesenbombe

Als der Bomberpilot seine Ladung abwarf, verfolgte die Besatzung den Fall der Bombe mit großer Spannung. Sie war so gebaut, dass sie im freien Fall begann, sich immer schneller zu drehen. Das sorgte für die zusätzliche Energie, mit der sie sich vor der Explosion tief in den Untergrund eingraben konnte. Die Erde bebte am Nachmittag jenes 14. März, und genau das war der erhoffte Effekt. Die Explosion erschütterte das Viadukt in den Grundfesten und was unzählige Kleinbomben nicht geschafft hatten, gelang jetzt mit einem Mal: Der mittlere Teil des Eisenbahnviaduktes erzitterte und brach in sich zusammen. Für den Rest des Krieges wurde dadurch diese Eisenbahnverbindung unpassierbar. Kurz darauf wurden auf die gleiche Weise weitere Eisenbahnviadukte bei Arnsberg und Altenbeken zerstört. Bruno Schmidt aus Arnsberg erinnert sich noch an den Einschlag der „Grand Slam" in seiner Heimat: *„Es war herrliches Frühlingswetter mit viel Sonne – was auch den Bombern nutzte. Ich kam von der ambulanten Behandlung in einem Lazarett und als die Flugzeuge kamen, suchte ich Schutz unter einer Brücke. Das Eisenbahnviadukt war von dieser Stelle etwa acht Kilometer entfernt. Als die Ladung explodierte, hat selbst dort noch die Erde unter meinen Füßen gebebt."*

Zwischen brutaler Ausbeutung und drohender Erschießung

Oft waren es Zwangsarbeiter, die in den Städten einen Großteil der Räumungsarbeiten erledigen mussten, vor allem, wenn es sich um gefährliche Einsätze mit Blindgängern oder Bergungsarbeiten in einsturzgefährdeten Ruinen handelte. Viele Bombenopfer wurden so in größter Not von jenen versklavten „Fremdarbeitern" gerettet, deren Ausbeutung für die deutsche Kriegswirtschaft mittlerweile unerlässlich war. Ohne diese Millionen von Arbeitssklaven, die für das Dritte Reich arbeiten mussten, hätten die Nationalsozialisten kaum eine Chance gehabt, ihre Kriegsmaschinerie so lange am Laufen zu halten. Gleichwohl hieß es in den Amtsstuben der Gestapo nun immer deutlicher, es müssten alle Quellen des Widerstands vernichtet werden. Die Erschießung aller Ausländer, aber auch anderer politischer Häftlinge und Nazi-Gegner, wurde ganz konkret ins Auge gefasst. Unter anderem in Warstein, Lüdenscheid-Hunswinkel, Hagen, Solingen und Essen kam es daraufhin zu brutalen Mordaktionen.

Die zehn Tonnen schwere „Grand Slam“ war die größte im Zweiten Weltkrieg eingesetzte Bombe.

Das Eisenbahnviadukt in Bielefeld-Schildesche nach seiner Zerstörung am 14. März 1945.

Dortmund als Schauplatz von Kriegsverbrechen

Ein grausames Beispiel dieser „Spurenbeseitigungen" unmittelbar vor der Ankunft der Alliierten ereignete sich im Rombergpark und in der Bittermark, südlich des Dortmunder Stadtzentrums. Dorthin führte die Gestapo in der Zeit vom 8. März bis zum 12. April 1945 immer wieder Gefangenengruppen, um sie durch Genickschuss zu ermorden. Fast dreihundert Menschen sind dort nachweislich erschossen worden. Zehn verschiedene Hinrichtungsorte hat man später gefunden. Der Einfachheit halber hatten die Mörder sich jedes Mal große Bombenkrater ausgesucht, damit keine Gräber ausgehoben werden mussten. Selbst der Weg zur Hinrichtungsstelle im Rombergpark war noch begleitet von grausamen Misshandlungen. Die Hände der Gefangenen hatte man zuvor mit Draht auf dem Rücken gebunden und es gab niemanden, der die Morde zu verhindern suchte. Den Passanten, die an dem betreffenden Waldstücken vorbeikamen, erzählten die am Rande stehenden Sicherungskräfte, es würden lediglich Schießübungen stattfinden. Nachdem das letzte Opfer in den Krater gefallen war, bedeckten die Gestapo-Leute die verblutenden Körper mit Erde und verschwanden wieder, um sich die ihnen nun zustehende Sonderration Schnaps und Zigaretten zu sichern.

Noch am 22. März 1945 kam es zu Massenverhaftungen. Zwangsarbeiter aus unterschiedlichsten Lagern wurden willkürlich ausgewählt, auch einige Studenten wurden festgenommen, und selbst eine Theatergruppe, bestehend aus französischen Kriegsgefangenen, verhaftete man während einer Vorstellung in Iserlohn. Sie alle wurden zur Gestapo-Zentrale in Dortmund-Hörde gebracht, wo sie gefoltert und bald darauf ermordet wurden.

Zu einem Prozess gegen einen Teil der Mörder vom Rombergpark kam es erst 1951, angeklagt wurden nur 27 Männer, obwohl es einst 147 Gestapomitarbeiter in Dortmund gegeben hatte. Fünfzehn Angeklagte wurden freigesprochen, die höchste Freiheitsstrafe unter den Verurteilten betrug fünf Jahre.

Wahnsinnige Vernichtungspläne

Der Vernichtungswille der verantwortlichen Nationalsozialisten war ungebrochen. Mit dem deutschen Rückzug waren immer mehr Gefangene und Zwangsarbeiter in die Region gekommen. Etwa 60 000, so schätzt man heute, gelangten zu-

Rombergpark und Bittermark in Dortmund wurden Schauplätze von Kriegsverbrechen

Ermittlungen im Vorfeld des Rombergpark-Prozesses 1951/52 brachten viele Details zum Vorgehen der Mörder ans Licht der Öffentlichkeit. Unter anderem wurde bekannt, dass es damals auch einen Zwischenfall beim Transport der Gefangenen gegeben hatte.

„Die 3. Exekution hat … in der Frühe des Tages des 24. 3. 1945 stattgefunden. Am Tage vorher ist Kriminalkommissar Gilbrich von dem Kraftfahrer Kalusch … in die Waldungen der Bittermark gefahren worden. Um vom Weg in den Wald und in das Bombentrichterfeld zu kommen, mussten Gilbrich und Kalusch eine verhältnismäßig hohe Böschung hinaufklettern. Nachdem Gilbrich sich verschiedene Trichter angesehen hatte, erklärte er einen bestimmten Trichter, in dem etwa 25 Leichen Platz finden könnten, als ‚prima' und besonders geeignet.

Das von den Kriminalkommissaren Gilbrich und Ottinger am gleichen Abend eingeteilte Exekutionskommando erfuhr in der Frühe des folgenden Tages (1.30 Uhr), dass ein Lkw nicht zur Verfügung stand (angeblich war ein aufgetretener kleiner Kühlerschaden von dem Kraftfahrer Michael absichtlich derart vergrößert worden, dass der Lkw nicht fahrbereit war) und der Transport zu Fuß durchgeführt werden musste. Nach der befohlenen Marschordnung gingen die Häftlinge, unter denen sich nach den Aussagen der Zeuginnen Meyer, Thül und Meine auch Frauen befanden, mit auf dem Rücken gefesselten Händen in Rotten zu zweit oder dritt nebeneinander, links und rechts von je einem Beamten flankiert und zum Schluss von Beamten noch besonders gesichert. Kriminalkommissar Ottinger, der das Kommando führte, schritt am Schluss neben dem Zug her.

Als sich die Spitze auf der Zillestraße in Höhe des Eingangstores zum Platz der Zeche befand, brach plötzlich ein als gewalttätig berüchtigter Plünderer aus der Mitte des Zuges nach rechts auf den Zechenplatz aus. Der Kriminalsekretär Kolb folgte ihm, von seinem Vordermann Maniera nicht bemerkt, auf den Fersen. Maniera, der nur einen dunklen Schatten gesehen und diesen für den des flüchtigen Russen gehalten haben will, brachte seine Maschinenpistole in Anschlag, schoss in Richtung des dunklen Schattens und traf seinen Kameraden Kolb tödlich. Ottinger nahm dem Verzweifelten Maschinenpistole und Dienstpistole ab und ließ ihn zur Dienststelle zurückgehen.

Nach diesem Zwischenfall wurde der Marsch fortgesetzt. Unweit der Einmündung der Olpketalstraße in die Kirchröder Straße wurde noch mal gerastet. Dann ging es in den Wald hinein. 50 bis 100 Meter vor dem Trichter verließ der Zug den Hauptwaldweg und marschierte auf einem ausgetretenen Weg etwa 20 m in den Wald hinein. Hier ließ Ottinger den Zug halten, teilte die Männer zur Absperrung ein und ließ die Erschießungen durchführen. Der Kriminalassistent Holte musste zwei- oder dreimal einen Russen übernehmen und am Trichter erschießen. Der Trichter ist wie üblich mittels Schaufeln, die mit einem Pkw an Ort und Stelle gebracht worden waren, zugedeckt worden." (Zitiert aus: Ulrich Sander, Mord im Rombergpark, Dortmund 1993)

Die Flucht des Häftlings war erfolgreich. Er konnte nach einiger Zeit seine russische Heimat erreichen. Kriminalkommissar Ottinger hingegen tauchte nach dem Krieg unter und musste sich nie für seine Verbrechen verantworten. Alfred Maniera, der auf seinen eigenen Kameraden geschossen hatte, bekam später sechs Monate Gefängnis.

sammen mit der sich zurückziehenden Wehrmacht über den Rhein. Die Lösung, die sich der Dortmunder Gauleiter Albert Hoffmann für dieses „Problem" ausgedacht hatte, zeugt von einer unglaublichen Menschenverachtung. Per Befehl vom 26. März 1945 sollten alle Ausländer in seinem Zuständigkeitsbereich „unschädlich" gemacht werden. Damit drohte ein Massenmord großen Ausmaßes.

Die nun von der Gestapo ins Auge gefasste Ermordung von rund 23 000 Zwangsarbeitern und 7000 Kriegsgefangenen überstieg aber selbst die Möglichkeiten des eingespielten Terrorsystems der Dortmunder Gestapo. Man kam schließlich auf die Idee, all diese Menschen in Bergwerksstollen umzubringen. Nach Abschaltung der Entwässerungspumpen, so der Plan, würde das einbrechende Wasser schon ganz allein für den tausendfachen Tod tief unter der Erde sorgen. Die Zechen „Adolf von Hansemann" und „Gottessegen" waren für diese Aktion bereits ausgesucht. Schließlich kam es aber doch nicht dazu, da die zuständigen Grubenleiter technische Probleme vorgaben. Sie ahnten, dass der Krieg verloren war und wollten sich nicht zu Mittätern von Kriegsverbrechen machen lassen.

Gauleiter Albert Hoffmann konnte nach dem Krieg zwar verhaftet werden und wurde sogar als Kriegsverbrecher angeklagt. Doch der gerichtliche Nachweis einer unmittelbaren Beteiligung an Kriegsverbrechen gelang damals nicht. Hoffmann konnte nach wenigen Jahren Gefängnis als Unternehmer in Bremen noch zu beträchtlichem Reichtum gelangen.

Der nördliche Rheinübergang

Seit Anfang März hatten die Deutschen zwischen Arnheim und Duisburg keinen Ausblick mehr auf die östliche Rheinseite. Auf einer Länge von 100 Kilometern versperrte ihnen eine riesige Nebelwand die Sicht. Erzeugt wurde diese von Spezialeinheiten der Alliierten, die den leicht ätzenden Nebel durch eine chemische Reaktion in großen Fässern und Kesseln herstellten und den entstehenden Qualm frei ausströmen ließen. Rund 24 000 Anwohner des eingenebelten Rheinabschnitts waren zuvor evakuiert worden, um den Soldaten dabei nicht im Weg zu stehen und damit sie nicht sehen konnten, wo genau operiert wurde. Sie lebten in dieser Zeit in einer Zeltstadt bei Bedburg unter primitivsten Bedingungen.

Am 23. März 1945 war alles bereit. Bis zuletzt hatte kein deutscher Späher vom anderen Ufer aus erkennen können, wo der bevorstehende Übergang stattfinden würde. Waren die Deutschen davon ausgegangen, der alliierte Rheinübertritt würde bei Arnheim geplant, war es die Gegend um Wesel, wo die meisten alliierten Soldaten das Flussufer wechselten. Schon in den ersten Stunden hatten sie sich am Ufer auf einer Breite von etwas mehr als zehn Kilometern fest etabliert. Das Wetter war ideal und als erste Überraschung für die deutschen Truppen kam eine große Luftlandeeinheit der Alliierten über den Rhein. Rund 15 000 Soldaten und große Mengen technischen Geräts wurden mit Hilfe hunderter Transportflugzeuge und so genannter Lastensegler hinter den feindlichen Linien abgesetzt. Die Operation „Varsity" („Universität") war aber nur ein Teil des Angriffs. Am gleichen Tag begannen auch tausende Soldaten nach den Vorgaben der Operation „Plunder" („Landraub") mit Schiffen über den Rhein zu setzen und so den direkten Angriff zu wagen, abermals begleitet von starkem Artilleriefeuer. Klärchen Overhagen aus Rees-Mehr lebte damals als 22-jährige Frau 600 Meter vom Rhein entfernt und damit mitten im Kampfgebiet: *„Unser Haus wurde durch Beschuss in Brand gesetzt. Erst brannte es nur im hinteren Teil und wir flohen alle zu den Nachbarn. Wir mussten durch das Trommelfeuer laufen und erreichten dort einen schützenden Keller. Die Hauptkampflinie verlief mittlerweile in Höhe unseres Hauses und Gartens und Mutter verließ mit Großmutter den Keller der Nachbarn, um zu weiter entfernt wohnenden Verwandten zu flüchten.*

Die Spezialeinheiten für „chemischen Nebel" bei der Arbeit. Durch solche Aggregate konnte die Aufstellung der Alliierten bei Wesel bis zuletzt geheim gehalten werden.

Ab dem 23. März 1945 begann bei Wesel eine der größten Militärbewegungen des Zweiten Weltkriegs. Wenige Tage später hatten die Alliierten den östlichen Niederrhein vollkommen unter ihrer Kontrolle.

Amerikaner und Engländer auf einem englischen Panzer: Möglichst schnell wollten die Alliierten das Ruhrgebiet nördlich und südlich umfahren, um die Heeresgruppe B im so genannten „Ruhrkessel" einzuschließen.

In der Zwischenzeit brannte dann auch unser Vorderhaus ab und wir waren innerhalb von Stunden völlig mittellos geworden. Die Reste des Mauerwerks verwendeten die Alliierten später als Straßenbefestigung.“
Der Übergang wurde auch von Winston Churchill, dem britischen Premierminister, beobachtet. Er wollte sich persönlich ein Bild vor Ort machen und kurz nach den ersten Erfolgsmeldungen ließ er sich sogar zu einer spontanen Besichtigungstour auf der anderen Rheinseite hinreißen.

Der südliche Rheinübergang

Auch in Remagen hatten die alliierten Soldaten längst die Gewehre geschultert und stießen schon seit dem 22. März 1945 unter ständigem Kräftenachschub in den Westerwald vor. *„Es war unglaublich, mit welchem Materialaufwand die Amerikaner in Remagen aufmarschiert waren“*, erinnert sich Karl-Georg Wagner aus Swisttal. *„Schwere Sherman-Panzer, gepanzerte Mannschaftsfahrzeuge – jeder Amerikaner schien einen eigenen Jeep fahren zu können.“*
Der Widerstand der Wehrmacht war nicht mehr stark, denn die deutsche Armee war inzwischen dort wie anderswo nur noch schlecht organisiert und vor allem nicht ausreichend ausgerüstet. Die Kommandeure mussten mitunter in den umliegenden Dörfern auf das öffentliche Telefonnetz zurückgreifen, um sich untereinander zu verständigen. Noch am 22. März erreichte die US-Armee das Gelände in Höhe der heutigen Autobahn A3 zwischen Köln und Frankfurt und nach einer Woche war man bereits bis in das hessische Marburg vorgedrungen. Dabei wurde das Gelände nördlich der Sieg zwischen Bonn und Siegen zunächst nicht angetastet. Weder die Amerikaner noch die Deutschen hatten dort zu diesem Zeitpunkt strategische Interessen. Die Amerikaner wollten zuerst einmal Geländegewinne im Osten erzielen, die Deutschen verfügten in dieser Region nicht mehr über wirklich schlagkräftige Truppen.
Dann änderte sich die Marschrichtung. Statt weiter östlich vorzustoßen, wurden die stärksten Einheiten Richtung Norden geschickt, um in einem großen Bogen Richtung Paderborn zu gelangen. Dort sollten sie auf die Verbände vom nördlichen Rheinübergang treffen, wo die Alliierten etwa auf einer Linie vor Duisburg, Oberhausen, Gladbeck und Dorsten standen und kein noch so überstürzt zusammengezogener deutscher Truppenrest den weiteren Vormarsch verhindern konnte. Das ganze Gebiet zwischen der Sieg bei Bonn und dem Ruhrgebiet stand kurz davor, in einer Zangenbewegung eingekesselt zu werden.

Kriegsgeschichte(n)

Am 28. März 1945 sollte der entscheidende Panzervorstoß von Süden Richtung Paderborn erfolgen und der Befehl verlangte sogar, dass das Ziel innerhalb eines Tages erreicht werden müsse. So fuhren die US-Soldaten, etwa entlang der heutigen Landesgrenze zwischen Nordrhein-Westfalen und Hessen, Richtung Norden. Die „Eroberung“ einzelner Dörfer versuchte man dabei zunächst quasi im Vorbeifahren zu erledigen oder für später aufzuheben.
Nach etwa zwei Dritteln der Strecke erreichte die Spitze der Verbände Brilon, das rund 20 Kilometer nördlich von Winterberg liegt. Dem Befehlshaber der Einheit wurde über Funk befohlen, diese Stadt einzunehmen. Glaubt man dem US-Historiker John Toland, so ereignete sich dort eine eher ungewöhnliche Eroberung. Weil der Befehlshaber nämlich lieber weiter die Gegend erkunden wollte, schickte er seine Truppe alleine in die Stadt – und merkte später nicht, dass vor allem eine Sektkellerei die Aufmerksamkeit der Soldaten gefunden hatte und anschließend ein großer Teil der Mannschaft völlig betrunken durch die Gegend fuhr. Erst als die Panzer bei einem Bremsmanöver aufeinander krachten, soll diese Begebenheit herausgekommen sein.

Blutige Kämpfe auf dem Weg nach Paderborn

Die Realität insgesamt war aber brutaler, als bisher geschildert. Denn nachdem es im Sauerland keinen zusammenhängenden deutschen Truppenverband mehr gab, hatten sich überall in der Region kleine Widerstandsnester gebildet, da die letzten überzeugten Nationalsozialisten in den betroffenen Dörfern immer noch an den Endsieg glaubten, beziehungsweise alles mit in ihren Untergang reißen wollten. Es gab Plakate, die mit einem bösartigen Zitat des Hitler-Sekretärs und Reichsleiters Martin Bormann alle Zweifler einschüchtern sollten: „Ein Hundsfott, wer seinen vom Feind angegriffenen Gau ohne ausdrücklichen Befehl des Führers verlässt, wer nicht bis zum letzten Atemzug kämpft.“ Dieser Durchhaltewille machte sich zum Beispiel in Liesen und Medebach bei Winterberg oder rund um Kirchborchen, südlich von Paderborn, bemerkbar, wo es noch einmal zu Kampfhandlungen kam und zahlreiche Menschen starben.
Hildegard Waterkamp aus Iserlohn erlebte ihr Kriegsende als fünfjähriges Kind in fast völliger Dunkelheit: *„Acht Tage lebten wir in einem Eisenbahntunnel zwischen Winterberg und Züschen. Eine Menge Frauen mit ihren Kindern hatten sich dort eingefunden. Es war kalt und feucht. Morgens in der Dämmerung schlichen ein paar Frauen abwechselnd zu den Häusern, um Lebensmittel zu holen. Wenn meine Mutter unterwegs war, hatte ich große Angst um sie und schrie jämmerlich. Das wurde schließlich einer Frau zu bunt. Eines Tages hielt sie mir den Mund zu und verhaute mich fürchterlich. Als draußen nach einer Woche die Kapitulation kam, wurde es für uns alle kritisch, denn die Amerikaner vermuteten Partisanen zwischen unseren Reihen. Ich sehe uns noch mit hoch erhobenen Armen an den Tunnelwänden aufgereiht.“*

So gut ausgerüstet waren im März/April 1945 nur noch die wenigsten deutschen Soldaten. Die Realität war geprägt von Versorgungsengpässen, wirren Anweisungen und einer ausweglosen militärischen Lage.

Angst vor den Tieffliegern hatten alle

Eines ist vielen Menschen im Gedächtnis geblieben, die den Krieg miterlebt haben: Die Angriffe der Jagdbomber, der so genannten Jabos. Sie machten sich seit Februar 1945 durch eine Regelmäßigkeit und eine Häufigkeit bemerkbar, dass fast jeder von einem Erlebnis mit diesen Flugzeugen des Typs „Spitfire“ oder „Mustang“ berichten kann. Da es kein funktionierendes Alarmsystem mehr gab, kamen die Jabos meist völlig unerwartet, besonders wenn sie mit der Sonne im Rücken den Motor abstellten und sich auf diese Weise völlig lautlos ihren Zielen näherten. Da die Flugzeuge sehr schnell und wendig waren, konnten sie gezielt einzelne Gruppen oder Personen verfolgen. Entkommen konnte nur, wer sich rechtzeitig in Deckung bringen konnte.

„Wir hatten Angst vor weiteren Bomben und zogen mit unseren Möbeln von Brück nach Geber in der Nähe von Lohmar. Auf dem Weg dorthin wurden wir am helllichten Tage zwischen Rösrath und Donrath plötzlich von zwei Jabos angegriffen, die auf der nahe gelegenen Autobahn bereits einige Fahrzeuge in Brand geschossen hatten. Wir hatten gerade noch Zeit, uns in den Straßengraben zu werfen. Ein Geschoss durchschlug den Bauwagen und splitterte eine Kante des Küchenschranks ab. Dieses ‚Souvenir‘ hat uns noch bis in die 50er Jahre an die schreckliche Fahrt erinnert.“
Gottfried Frank aus Kürten-Biesfeld

„Auf der Warendorfer Straße in Telgte, direkt am Ortsausgang, war gerade ein großer Milchtankwagen beschossen worden. Der Fahrer lag tot im Führerhaus, und aus zahlreichen Einschusslöchern in den Milchtanks schoss die Milch heraus. Alle Nachbarn – und auch wir – rannten trotz der Gefahren mit allerlei Kannen und Töpfen zum Lastwagen, um ein paar Liter der begehrten, weil knappen Milch zu ergattern.“
Alfred Große Hüttmann aus Münster

„Ich ging über die Brücke und plötzlich flogen zwei Tiefflieger dicht über mir. Ich sah den Piloten mit einer Lederkappe ganz dicht über mir, warf mich auf die Erde, einige andere Leute auch. Sie schossen tatsächlich auf uns! Splitter schlugen neben mir auf und so schnell wie er gekommen war, war der Spuk vorbei. Ich lief nach Hause und hatte seitdem ein Trauma. Sobald die Sirenen ertönten, bekam ich Schreikrämpfe.“
Marianne Zepp aus Bonn

„Ab Januar war es schier unmöglich, sich draußen zu bewegen. Schwärme von feindlichen Jagdbombern stürzten sich feuernd auf jedes Ziel. Einmal ging ich allein auf einem Weg. Plötzlich, links und rechts von mir aufspritzende Erdfontänen. Mit einem Satz sprang ich in den Bombentrichter. Der Jabo, welcher mich entdeckt hatte, flog noch zwei weitere Angriffe und ballerte in den Trichterrand. Mein Wägelchen hatte einige Einschüsse. Möglicherweise konnte der Pilot vermelden, einem deutschen Jungen Angst eingeflößt und ein deutsches Handwägelchen schwer beschädigt zu haben.“
Gerhard Höfken aus Hamminkeln-Brünen

Tod eines US-Generals

Kurz bevor die Amerikaner Paderborn erreichten, gab es am 31. März 1945 noch einen anderen Zwischenfall, der selbst in der internationalen Berichterstattung der damaligen Zeit für Wirbel sorgte. An diesem Tag konnten deutsche Soldaten mitten im Westerwald einen leibhaftigen US-General aufgreifen. Berichten zufolge war der Mann mit seinen Begleitern fast genau auf der späteren Landesgrenze zwischen Nordrhein-Westfalen und Hessen unter Beschuss geraten und fuhr schließlich mit vier Jeeps orientierungslos und mit hohem Tempo durch den Wald. In einem Waldstück bei Rehe zwischen Wetzlar und Siegen traf der Tross bei Kirchborchen auf eine deutsche Panzerkolonne. Drei Jeeps schafften es gerade noch, mit Vollgas an den fünf feindlichen Fahrzeugen vorbeizurasen, da scherte einer der Panzer aus und stoppte ausgerechnet den Jeep des Generals. Ein deutscher Panzerkommandant bedrohte nun die Insassen des angehaltenen Fahrzeugs mit einer Maschinenpistole und erteilte Befehle, die aber die Amerikaner nicht verstanden. Als der General langsam seine Waffe ablegen wollte, um die Situation zu entschärfen, zögerte der deutsche Panzerkommandant nicht und drückte ab. Durchsiebt von den deutschen Kugeln sank Maurice Rose, einer der höchst dekorierten US-Soldaten des 20. Jahrhunderts, tot zu Boden. Da der offenbar nervöse Panzerkommandant nicht realisierte, wen er da gerade getötet hatte und weiterfuhr, konnten die Amerikaner wenig später die Leiche des Generals bergen und zahlreiche unangetastete Geheimunterlagen in seinem Jeep sicherstellen. Da Maurice Rose aus einer jüdischen Familie stammte, bauschte die deutsche Propaganda seinen Tod als gezielte „antijüdische“ Aktion auf. Die New York Times schrieb hingegen, dass die US-Armee „einer der besten und liebenswürdigsten Führer beraubt wurde, und eines Mannes mit selten ausgeprägtem Charisma.“ Rose wurde nur wenige Tage später in der Nähe von Ittenbach bei Bad Honnef beerdigt.

Die Rettung von Ahlen

Im Norden waren die Alliierten schon fast bis nach Paderborn vorgedrungen und standen kurz davor, sich mit den von Marburg herannahenden Truppen zu vereinigen. Auch in der Stadt Ahlen, die auf dem Weg dorthin lag, mussten sich die Einwohner nun entscheiden, ob Vernunft oder blinder Fanatismus das Kriegsende in ihrer Heimat bestimmen würde. Auch dort waren die Befehle aus Berlin eingegangen, die Stadt „bis zum letzten Mann“ zu verteidigen. Der örtliche Kreisleiter der NSDAP

hatte dazu bereits Pläne erarbeitet. Der Volkssturm war aufgestellt worden, Panzerfäuste lagen bereit und sogar einige deutsche Panzer wurden in Position gebracht.
Doch in Ahlen arbeitete auch der aus Kohlscheid bei Aachen stammende Knappschaftsarzt Dr. Paul Rosenbaum. Er war der Leiter der 13 Lazarettstandorte in der Stadt und wollte nichts wissen von vermeintlicher „Ehre". Er wollte vor allem den Schutz der Zivilbevölkerung und seiner rund 4000 Patienten sicherstellen. Schon seit 1943 hatte Ahlen den Status einer Lazarettstadt ohne offensive militärische Aufgaben und sollte diesen nach Rosenbaums Meinung auch am Ende des Krieges nicht leichtfertig aufs Spiel setzen. Käthe Kalan, die Sekretärin Rosenbaums, erinnert sich noch an die Aktivitäten ihres Vorgesetzten: *„Er hat überall um Ahlen auf allen Straßen große Plakate anbringen lassen: Ahlen Lazarettstadt. Er hat auf großen Flächen Betttücher hinlegen lassen mit dem Roten Kreuz, damit man das von oben sah."*

Am 30. März 1945 kam es zum offenen Streit: Lazarettleiter Rosenbaum wagte es, sich gegen den erklärten Willen der NSDAP zu stellen und verhinderte an vielen Stellen weitere Vorbereitungen zum letzten Kampf. Offenbar hatte Rosenbaum gewaltige persönliche Autorität und Charisma, denn er schaffte es, die verschiedenen Posten von der Sinnlosigkeit ihrer Befehle zu überzeugen. Schließlich kam es zu der absurden Situation, dass an einem Ende der Stadt Rotkreuzfahnen und weiße Laken aufgehängt wurden, während am anderen Ende die letzten getreuen Nationalsozialisten mit zweckentfremdeten Sonntags-Kutschen ihre Panzerfäuste durch die Straßen transportierten.
Rosenbaum fuhr zu den schwer bewaffneten Amerikanern hinter die Frontlinie, um sie für eine friedliche Übergabe der Stadt zu gewinnen. Die Skepsis des US-Kommandeurs war groß, denn noch keine deutsche Stadt hatte bisher freiwillig den Widerstand eingestellt und sich in die Hände der Amerikaner begeben. In Wesel noch hatten die Alliierten den dortigen Stadtkommandanten tot und mit dem Gewehr in der Hand gefunden – und jetzt sollte Ahlen die erste „offene Stadt" im Deutschen Reich werden?

Mit riesigen Rot-Kreuz-Fahnen und großen Plakaten versuchte der Lazarettarzt Dr. Rosenbaum, ein blutiges Kriegsende in Ahlen zu vermeiden.

Erleichterung bei den Einwohnern: Dr. Rosenbaum hatte es geschafft, Ahlen als erste deutsche Stadt kampflos an die Alliierten zu übergeben.

Beinahe wäre die Aktion schief gegangen. Denn als Rosenbaum sich am 31. April 1945 in Begleitung eines amerikanischen Kampfkommandos der Stadt näherte, fielen entgegen seiner Versprechen plötzlich Schüsse. Zum Glück für alle Einwohner bemerkten die Amerikaner, dass die Kugeln nicht aus der Stadt selbst abgefeuert worden waren. Zwanzig SS-Männer, die sich in einem der umliegenden Bauernhöfe verschanzt hatten, fanden auf diese Weise in der buchstäblich letzten Minute des Kriegs um Ahlen noch ihren sinnlosen Tod, während Rosenbaum zum Held der Stadt wurde. Noch heute ist der große Kirmesplatz in Ahlen nach ihm benannt.

Beckum rüstet sich zum Kampf

Nur zwölf Kilometer von Ahlen entfernt, war die Lage in Beckum an diesem 31. April 1945 zunächst noch ganz anders. Die Vorbereitungen zum letzten Gefecht liefen auf Hochtouren. Der Major Rudolf Dunker leitete die Aktion, ohne dass er von irgendjemand gehindert worden wäre. Da er nur leicht bewaffnete Truppen befehligte, sah er die Stadt als idealen Kriegsschauplatz an, um den Amerikanern im Schutz der Häuser noch einmal schwere Verluste bereiten zu können. Da klingelte das Telefon. Als Major Dunker den Hörer in die Hand nahm, kam sozusagen ein internationales Ferngespräch zustande, denn am anderen Ende der Leitung war ebenjener Dr. Paul Rosenbaum aus Ahlen, der sich nunmehr auf amerikanisch besetztem Boden befand. Der Lazarettarzt wollte auch die Menschen in Beckum davon überzeugen, dass weiterer Widerstand zwecklos sei. Nachdem Rosenbaum dem Beckumer Kommandeur in deutlichen Worten die Übermacht der Amerikaner geschildert hatte, begann dieser tatsächlich zuzuhören. Von drei verschiedenen Stellen hatte er den Kampfbefehl bis zum letzten Mann bekommen und jede Befehlsverweigerung konnte ein Todesurteil vor einem Standgericht bedeuten.

Auch war es in diesen Tagen kein Geheimnis mehr, dass Befehlsverweigerung von Offizieren eine gnadenlose Sippenhaft nach sich zog. Major Dunker erbat sich Bedenkzeit.

Kurz vor Mitternacht klingelte das Telefon erneut. In dramatischen Minuten verhandelten ein amerikanischer Dolmetscher, Dr. Rosenbaum und Major Dunker über das weitere Schicksal Beckums. Nach einer Stunde hatte man eine Lösung gefunden: Dunker bekam Zeit, die Stadt mit seinen Soldaten zu räumen und sich anderswo aufzustellen, dafür marschierten die Amerikaner in Beckum ein, ohne die deutschen Soldaten vorher zu beschießen. Erneut fiel eine deutsche Stadt ohne Gewalt in die Hände der Amerikaner.

Kriegsende in Westfalen. Bis kurz vor dem Eintreffen der Alliierten mussten die Menschen noch mit Bombenangriffen rechnen. Besonders betroffen waren Verkehrsknotenpunkte wie dieser Rangierbahnhof bei Gütersloh, denn das Ziel der Alliierten war die Unterbrechung der Versorgungswege des deutschen Militärs.

Das Dritte Reich vor dem Abgrund

Und so war die Lage am 31. März 1945 an Rhein, Ruhr und Weser: Hitler hatte seinen berüchtigten „Nero-Befehl" gegeben, mit dem er die totale Zerstörung aller Wirtschaftsstrukturen im Reich anordnete. Selbst ohne diesen Befehl war die Versorgungslage inzwischen längst katastrophal geworden. Im Ruhrgebiet stand die Heeresgruppe B der Wehrmacht kurz davor, vom restlichen Reichsgebiet abgeschnitten zu werden, und in vielen Städten wurden auch weiterhin Zwangsarbeiter und politische Gefangene hingerichtet. Zur gleichen Zeit litt die Bevölkerung erneut unter den nicht enden wollenden Angriffen der alliierten Bomber.

In der von den Alliierten besetzten Zone gab es einige Rückschläge beim Wiederaufbau der deutschen Zivilverwaltung. Am 25. März 1945 hatte eine konspirative Gruppe von Nazi-Fanatikern Franz Oppenhoff, den ersten von den Alliierten eingesetzten Oberbürgermeister von Aachen, ermordet. Von der betreffenden Gruppe, die sich „Werwolf" nannte, wurde in diesen Tagen oft gesprochen. Obwohl sie nur in wenigen Fällen wirklich in Erscheinung trat, verstärkte das Stichwort „Werwolf" das Misstrauen der Alliierten erneut, so wie es sich die Führungsriege der Nationalsozialisten erhoffte. Zur gleichen Zeit rückte die Front immer weiter nach Osten vor. Die Befehle zum Kampf „bis auf den letzten Mann" gingen jetzt bei den Kommandostellen in den Städten und Dörfern des östlichen Westfalens ein. Bis zur bedingungslosen Kapitulation des Deutschen Reichs sollten nur noch 38 Tage vergehen.

Das letzte Hab und Gut wird von Bochumern gerettet. Am Ende des Krieges besaßen vor allem die Opfer der Bombenangriffe kaum mehr als ein paar Möbel und etwas Hausrat.

Die letzten Tage: 1. April 1945 bis 17. April 1945

Am 1. April 1945, Ostersonntag, schlossen die Alliierten den weiträumigen Ring rund um das Ruhrgebiet. Dann drängten sie die deutschen Truppen immer weiter zurück. Im Sauer- und Siegerland, im Bergischen Land, im westfälischen Teutoburger Wald und nicht zuletzt im Ruhrgebiet eroberten sie schließlich Ort für Ort und trafen am Ende bloß auf vereinzelte Gegenwehr. Nach gut zwei Wochen fehlte nur noch Düsseldorf, um den Krieg zwischen Rhein, Ruhr und Weser insgesamt zu beenden. Das Kriegsende war nun zum Greifen nah.

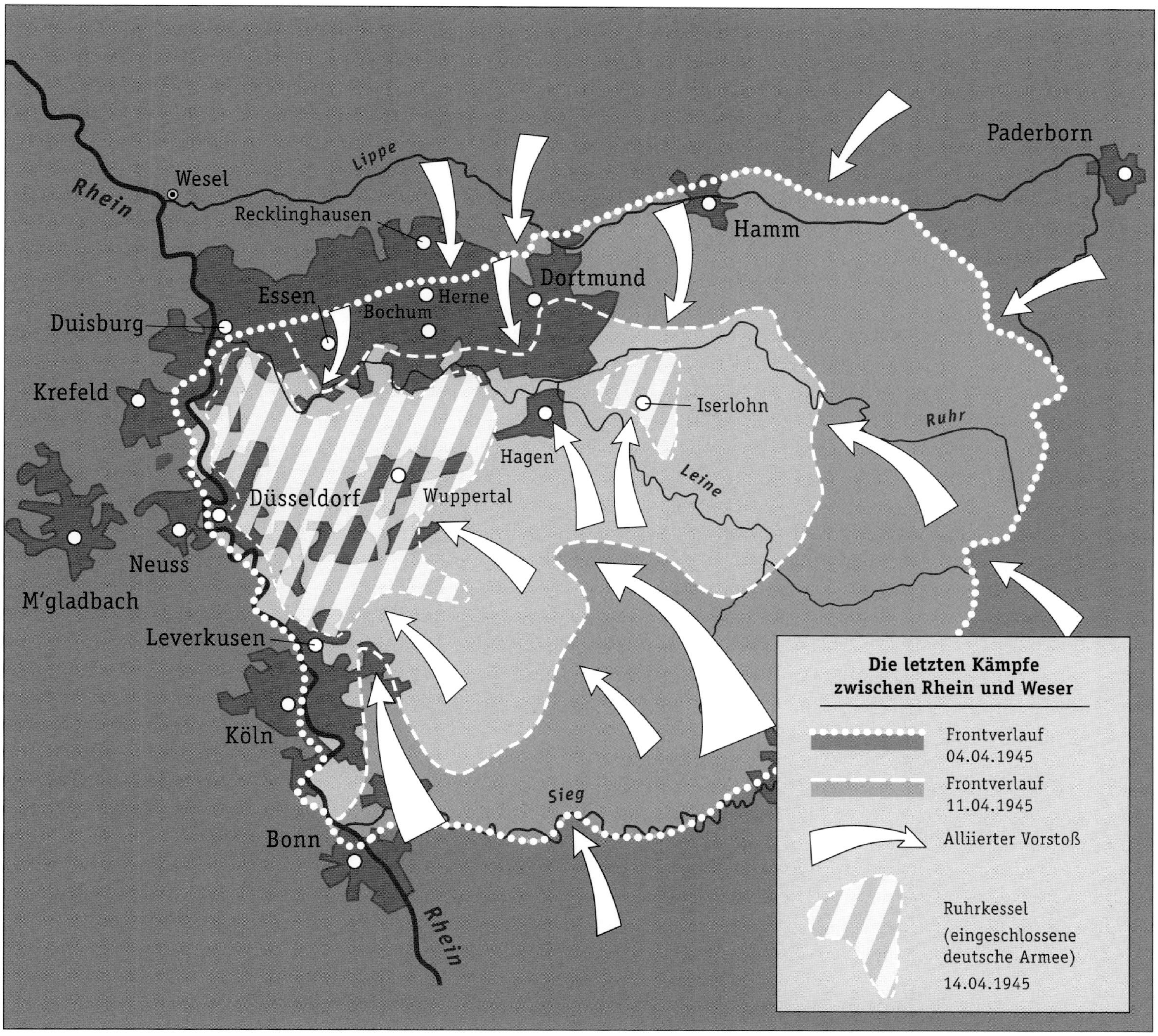

Ostern 1945

Im Nordwesten des heutigen Nordrhein-Westfalens blieb das Osterfest 1945 einer ganzen Generation als außergewöhnliche Zeit im Gedächtnis. Franz Kemper aus Geseke-Störmede erinnert sich: *„Die Dorfbewohner schlichen bedrückt einher, sie waren noch stiller als sonst in der ‚Pleusterwoche', der Woche um den Karfreitag. Am frühen Morgen wurde gemeldet: ‚Die Amerikaner sind schon in Geseke!' Darauf ließ unser Pfarrer verbreiten: ‚Heute fällt das Hochamt aus.' Am ersten Ostertag fällt bei uns das Hochamt aus! Das hatte es seit Menschengedenken in unserem Heimatdorf nicht gegeben."*

Andere Zeitzeugen erinnern sich an Ostergottesdienste, die dennoch stattfanden und die schließlich durch die Ankunft der Alliierten unterbrochen wurden. Es sind aber auch Geschichten über den sinnlosen Tod in letzten Gefechten und über die ersten Kontakte mit den fremden Soldaten zu berichten. Fast jeder, der diese Zeit bewusst miterlebt hat, erinnert sich an so beiläufige Details wie das damalige Wetter: Strahlender Son-

Ostern 1945: Nördlich und östlich des Ruhrgebietes war dies die Zeit, als die Alliierten kamen.

nenschein habe geherrscht, als die Amerikaner den so genannten „Ruhrkessel" schlossen.

1. April 1945: Die Umschließung des Ruhrgebiets

Nicht wie geplant bei Paderborn, sondern gut 35 Kilometer westlich bei Lippstadt trafen die 1. und die 9. US-Armee am 1. April 1945 aufeinander. Von Remagen im Süden und von Wesel im Norden kommend, schnitten die amerikanischen Truppen jetzt 325 000 Soldaten der deutschen Heeresgruppe B vom restlichen Reich ab und schlossen 5 Millionen Bewohner einschließlich der Kriegsgefangenen und Zwangsarbeiter ein. Für den US-Sergeanten Werner Ostheimer, der als Kommandant auf einem der ersten amerikanischen Panzer in die Stadt hineinfuhr, war es sicher auch ganz privat ein entscheidender Moment. Ostheimer, der 1937 wegen seines jüdischen Glaubens aus Deutschland in die USA geflohen war, kam an jenem Tag nicht bloß in irgendeine weitere deutsche Stadt entlang der Marschroute seiner Einheit. Ostheimer kam zurück in seine Heimatstadt. Kaum vorstellbar, was der Mann gedacht haben mag, als er auf diese Weise in „seine" Stadt zurückkehrte und manche Straßenecke plötzlich als altbekannten Winkel seiner Kindheit wieder erkannte. Nachdem die letzten deutschen Verteidigungskräfte entwaffnet worden waren, zog der lange Tross der amerikanischen Streitkräfte bereits weiter. Ostheimer konnte nur wenige Stunden in Lippstadt bleiben.

Der Ruhrkessel

Manche amerikanischen Quellen nennen den Ruhrkessel zu Ehren des erst am Vortag gefallenen Generals Rose auch „Rose Pocket" – „Rose Kessel". Von dessen damaliger Grabstätte bei Bonn bis zu den nördlichen Spitzen des Ruhrgebietes reichte nun das umkämpfte Gebiet, das im Westen vom Rhein und im Osten von den amerikanischen Linien im Sauerland eingegrenzt wurde.

Der „Kessel" war das Ergebnis alliierter Taktik: Statt zermürbende Straßenkämpfe in unübersichtlichen Ballungsräumen zu führen, war man um das Zielgebiet herummarschiert, um es nun Stück für Stück einzunehmen.

In der Nazi-Propaganda wurde diese ausweglose Umzingelung der deutschen Kräfte nicht etwa als Niederlage dargestellt, sondern im Gegenteil als „Ruhrfestung" gegen die feindlichen Kräfte glorifiziert. Die deutschen Kräfte unter Generalfeldmarschall Model, der nun ebenfalls im Ruhrkessel eingeschlossen war, befanden sich in einer aussichtslosen Lage. Es waren die Alliierten, die mit ihrer Übermacht den deutschen Einflussbereich immer weiter zusammendrängen konnten.

Zwischen Lippstadt und Teutoburger Wald

Richtung Norden kamen US-Amerikaner, Briten, Kanadier und andere alliierte Soldaten immer schneller voran. Bereits am 1. April 1945, am Tag der Schließung des Ruhrkessels, erreichten einige ihrer Spähpanzer den Teutoburger Wald zwischen Osnabrück und Detmold. Innerhalb der nächsten vier Tage nahmen sie dann Dorf um Dorf ein. Gleichzeitig fuhren sie auch an verschiedenen größeren Orten vorbei, um erst einmal alle deutschen Verbindungslinien zu zerschneiden. Vor Bielefeld, wo die Einwohner noch am 30. März 1945 einen heftigen Bombenangriff erleiden mussten, kam es im Verlauf dieser Ereignisse zu den ersten Kampfhandlungen. In Münster und Osnabrück war die Lage ähnlich. Volkssturmgruppen errichteten an Dorfausgängen und großen Straßenkreuzungen Panzersperren aus dicken Baumstämmen, um so die alliierten Fahrzeugkolonnen aufzuhalten. Für die amerikanischen Frontsoldaten war es jedes Mal aufs Neue eine Überraschung, wie sich das letzte Aufgebot aus Volkssturm und verbliebener Armee verhalten würde. Manchmal konnte ein Kampf vermieden werden, manchmal kam es zu schweren Gefechten. Die Entscheidung fiel oft durch zufällige Konstellationen von fanatischen Nationalsozialisten und besonnenen Realisten. Erika Schierkolk aus Horn-Bad Meinberg erinnert sich an eine dramatische Situation in Veldrom, etwa 30 Kilometer nordöstlich von Paderborn. Dort war das letzte Kapitel des Krieges mit Kämpfen verbunden gewesen. *„Es dauerte nicht lange, bis die ersten Schüsse fielen. Die Angreifer und die Verteidiger kämpften hart gegeneinander. Mitten im Schusswechsel kam die Tochter der Hausfrau aus dem Dorf zurück. Die Mutter war entsetzt! Das Mädchen lief geradewegs auf dem ungeschützten Weg ihrem Zuhause entgegen. Es dachte nicht daran, sich hinzulegen oder im Straßengraben Deckung zu suchen. Jeden Augenblick konnte sie von einer Gewehrkugel getroffen werden. – Plötzlich war es still. Kein Schuss fiel, eine Feuerpause war entstanden. Und sie hielt so lange an, bis das Kind im Haus war!"*

Auch in Ummeln bei Bielefeld hatten die jungen und alten Männer des Volkssturms Panzersperren installiert. Als bald darauf ein langer Konvoi vor einer der Sperren anhalten musste, fürchteten die Einwohner amerikanische Vergeltungsmaßnahmen für diese Behinderungen, Bomben oder Artilleriebeschuss. Aus dieser Angst heraus traute sich ein ortsansässiger Tischler vor die Tür und näherte sich den US-Soldaten mit einem weißen Betttuch, das als Ersatz für eine weiße Fahne seine friedlichen Absichten zeigen sollte. Tatsächlich zeigte er nun dem Kommandeur der aufgelaufenen Militärfahrzeuge eine Abkürzung, auf der es keine Panzersperren gab. So konnten die Amerikaner an dieser Stelle planmäßig aufmarschieren. An einer anderen Stelle, so erinnert sich Sigrid Jürgen, versuchten drei Frauen, eine der Panzersperren für die Alliierten zu zersägen. *„Die Frauen schufteten wie die Wilden. Dann kam der erste Panzer. Die drei wichen nicht von der Stelle und sägten und zogen tapfer weiter an den Stämmen. Lachend über soviel Elend – oder Mut? – winkten die Soldaten die Frauen zur Seite und fuhren die Sperre einfach platt!"* Schon bald stand dem weiteren Angriff auf Bielefeld nichts mehr im Wege, und am 4. April 1945 wurde die Stadt eingenommen. Zur gleichen Zeit waren andere alliierte Truppen bereits bei Minden aktiv, gut 50 Kilometer weiter nördlich. Die ganze Region war nun vom Kriegsgeschehen erfasst. Einen Eindruck von der Situation vermittelt der Bericht eines englischen Kriegsreporters, der einige Tage zuvor durch das westliche Münsterland gereist war: „Wir sahen Stadtlohn und Ahaus. Da erkannten wir, warum dort kaum noch gekämpft wurde; denn dort gab es Hunderte von Ruinen, wegen denen sich kein Kampf mehr lohnte. … Dülmen, Stadtlohn und Ahaus sind wirklich ausradiert worden."

Mit allen Mitteln versuchte der Volkssturm, die Alliierten aufzuhalten. Diese Panzersperre stand in Rüthen, unweit von Warstein.

Verhandlungsversuche in Lemgo

Auf dem Weg Richtung Osten stand die US-Armee am Tag der Befreiung Bielefelds auch kurz vor Lemgo. Dort machte sich Bürgermeister Wilhelm Gräfer ernste Gedanken um das Wohl seiner Stadt. Zwar hatte bereits mancher Einwohner von den schweren Bombardierungen im rund 30 Kilometer entfernten Bielefeld berichtet, und auch „Ausgebombte" waren in Lemgo untergekommen. Die altehrwürdige Hansestadt selbst aber war bisher vom Kriegsgeschehen relativ verschont geblieben. Das, befürchtete Gräfer, könnte nun vorbei sein. Durch die örtlichen Stellungen der deutschen Wehrmacht war Lemgo ins Visier der Alliierten geraten.

Gräfer, der seit 1923 Bürgermeister in Lemgo war, hatte viel mitgemacht: die Zeit der Weimarer Republik mit der großen Weltwirtschaftskrise und der immer stärkeren politischen Radikalisierung und schließlich das Dritte Reich unter Hitler. Keine dieser politischen Veränderungen hatten ihn um sein Amt bringen können. Doch jetzt schien es ihm, als stünden er und seine Stadt vor dem Untergang. Gräfer nahm seinen ganzen Mut zusammen und fuhr am Morgen des 4. April 1945 mit einem Begleiter als Übersetzungshilfe in Richtung der westlich gelegenen amerikanischen Linien. Tatsächlich wurden sie von den Vorposten durchgelassen und trafen schließlich nach fünf Kilometern in Hörstmar Offiziere einer amerikanischen Panzerdivision.

In der Nähe von Lemgo: Deutsche Sanitäter und Krankenschwestern sammeln die Toten ein.

Gräfer wollte Lemgo kampflos übergeben. Er wollte kein weiteres Blutvergießen und zudem die Zerstörung der Stadt verhindern. Doch die Amerikaner glaubten ihm nicht: Gräfer war kein militärischer Abgesandter. Auch die deutschen Flak-Geschütze am Ortsausgang irritierten die Offiziere. Die müssten weg, wurde Gräfer beschieden, weil die deutschen Soldaten damit nicht mehr bloß auf Flugzeuge schossen, sondern auch auf vorrückende Soldaten. Gräfer wurde mitgeteilt, er solle einen deutschen Offizier mitbringen, um über die endgültige Übergabe zu verhandeln. Voller Hoffnungen fuhr Gräfer mit seinem Begleiter zurück in seine Stadt. Es sollte ihm das Leben kosten.

Als er nämlich dem Lemgoer Stadtkommandanten Heckmann über seine Aktion berichtete, geriet dieser außer sich vor Wut. Er herrschte den Bürgermeister an, wie er sich als Zivilist in militärische Operationen einmischen könne! Das sei Landesverrat! Das bedeute die Todesstrafe! Gräfer und sein Dolmetscher wurden verhaftet und aus dem Frontgebiet abtransportiert. Bei einem Zwischenstopp wagten beide zwar noch einen Fluchtversuch, doch während der Dolmetscher entkommen konnte, wurde Gräfer wieder gefangen genommen und noch am selben Tag in Lügde vor ein Standgericht gestellt.

Am 5. April 1945, Lemgo war längst in der Hand der Amerikaner, wurde Gräfer östlich der Weser in Bodenwerder hingerichtet. Grausam entstellt von den Misshandlungen einiger SS-Leute, erschossen und an einen Baum aufgehängt war sein Körper noch mehrere Tage öffentlich zur Schau gestellt worden, bis auch in Bodenwerder der Einmarsch der Alliierten unmittelbar bevorstand. Wie bei so vielen Erschießungen in diesen Tagen, ist auch für diese nie jemand verurteilt worden.

Lagerbefreiungen westlich der Weser

Nach der Schließung des Ruhrkessels begann auch die Zeit der großen Lagerbefreiungen. Die Nationalsozialisten hatten zwischen Rhein und Weser eine große Zahl Kriegsgefangener und Zwangsarbeiter interniert. „Kriegsgefangenen-Mannschafts-Stammlager", kurz Stalag, hießen die riesigen Areale für die fremden Soldaten. Eins der größten Lager war Hemer bei Iserlohn, wo Anfang April noch etwa 23000 Gefangene auf ihre Befreiung warteten. Über das ganze Land verstreut gab es aber auch noch viele kleinere Zwangsarbeiterlager, die meist unmittelbar einem Industriebetrieb zugeordnet waren. Nicht zu vergessen ist auch das KZ Niederhagen bei Wewelsburg/Paderborn. All diese Orte des Grauens und der Unterdrückung kamen nun in die Reichweite der Alliierten. So wurde bereits am 2. April 1945 das größte Kriegsgefangenenlager der Region, Stukenbrock, zwischen Paderborn und Bielefeld, befreit. Dort hatten die Häftlinge inzwischen selbst das Kommando übernommen, nachdem die Bewacher die Flucht ergriffen hatten. Die US-Soldaten trafen auf „vor Hunger wahnsinnig gewordene Gefangene", die von den Nationalsozialisten „wie Tiere in Dreck und Elend gehalten" wurden, hieß es später in einem amerikanischen Bericht. Gleich nach der Befreiung begannen die Überlebenden, einen Obelisk als Gedenkstätte für ihre ermordeten Kameraden zu bauen. Insgesamt 36 Massengräber wurden so mit heute noch sichtbaren Steinen gekennzeichnet.

Russen, Polen, Franzosen – die Zwangsarbeiter genießen ihre neu gewonnene Freiheit in Lippstadt.

Stukenbrock war eines der größten Kriegsgefangenenlager im Deutschen Reich speziell für russische Soldaten. Hunderttausende von ihnen hatte man hier als Zwangsarbeiter durchgeschleust, um sie im Anschluss im Ruhrgebietsbergbau einzusetzen. Die Grundfläche des so genannten Stalag 326 entsprach etwa 57 Fußballfeldern und war bebaut mit zahlreichen Baracken, die sich die Gefangenen im Verlauf des Krieges selbst hatten errichten müssen. Da die Nationalsozialisten insbesondere Polen und Russen als „slawische Untermenschen" ansahen, war die Behandlung der Insassen in Stukenbrock geprägt von Verachtung, Willkür und Brutalität. Die Todeszahlen waren so hoch und die Bedingungen so unwürdig, dass Stukenbrock später von Historikern als „herausgehobenes Geschichtsdenkmal der Nazi-Verbrechen" anerkannt wurde. Heute befindet sich in Stukenbrock eine der zentralen Gedenkstätten Nordrhein-Westfalens zum NS-Unrecht.

Stukenbrock: Gefangene zwischen Freude und Gewalt

Als die US-Soldaten damals in das Lager kamen, gab es dort noch etwa 9000 Gefangene, die übrig geblieben waren, nachdem viele ihrer Kameraden noch kurz vor der Flucht ihrer Bewacher dem Gestapo-Terror zum Opfer gefallen waren. Nun wartete die Freiheit auf die Überlebenden. In ihrem erbarmungswürdigen Zustand machten sich die befreiten Gefangenen zunächst daran, ihre Toten würdig zu bestatten – bis heute sind diese Gräber eine Gedenkstätte. Schließlich zogen viele ehemalige Insassen des Lagers in der unmittelbaren Umgebung umher und begannen auf den Bauernhöfen nach Nahrung „zu suchen". Viele Deutsche bekamen es mit der Angst zu tun, als plötzlich die ausgemergelten Gestalten vor ihren Türen standen und nach Essen verlangten. Auch Rachegelüste und Gewalt lagen in der Luft, was von den neuen Besatzungsmächten in den ersten Tagen nur sehr schwer kontrolliert werden konnte. Plünderungen und Diebstähle sind vielen Anwohnern bis heute in Erinnerung geblieben. Vor dem jahrelang erlittenen Unrecht jener „Fremdarbeiter" hingegen hatten viele die Augen verschlossen gehalten.

Für die russischen Kriegsgefangenen indes war die wiedergewonnene Freiheit nur von kurzer Dauer. Nachdem sie im Laufe des Jahres in die Sowjetunion zurücktransportiert worden waren, verfolgte man sie dort abermals als „Verräter" und „Kollaborateure", da sie nicht bis zum Tod gekämpft hatten und auf diese Weise lebend in die Hände der Nationalsozialisten gefallen waren. Viele von ihnen landeten so erneut in Arbeitslagern, diesmal unter dem Kommando des sowjetischen Diktators Stalin.

Befreite russische Kriegsgefangene tragen vor Freude einen amerikanischen Soldaten auf ihren Schultern. Rund um das Stalag 326 finden die Amerikaner später rund 30 000 Leichen.

Nach der Befreiung eines Zwangsarbeiterlagers in Dortmund versuchten die ehemaligen Gefangenen ihren Toten ein würdiges Begräbnis zu bereiten.

Grausige Entdeckungen im ganzen Land. In Warstein wurden kurz nach dem Einmarsch der Amerikaner Massengräber mit ermordeten Zwangsarbeitern entdeckt.

Die Angst vor den Ausgebeuteten: Freiheit für die Fremdarbeiter

„In der Nähe unserer Wohnung lag das Gefangenenlager ‚Hoffnungsthal'. Dort lebten viele russische und polnische Gefangene, die am Ende wochenlang nicht mehr versorgt wurden. Bei der Befreiung spielten sich dort unbeschreibliche Szenen ab. Die halb verhungerten Menschen krochen wie die Tiere auf Händen und Füßen den Soldaten entgegen. Die Überlebenden durften drei Tage Rache üben. Da viele Offiziere in der Nähe wohnten, haben wir erlebt, dass die, welche nicht fliehen konnten, erschossen wurden. Dass mein Onkel Zivilist war und ein wenig Russisch konnte, hat uns buchstäblich das Leben gerettet."

Otto Wiersch aus Köln

„Nachdem die amerikanischen Soldaten sämtliche Villen besetzt, ausgeraubt und verwüstet hatten, kamen in den nächsten Tagen die zurückgebliebenen Fremdarbeiter zu meiner Oma und brachten Lebensmittel in Hülle und Fülle. Gänse, Truthähne und Hühner – damit Oma für sie und uns Essen kocht. Die Villenbesitzer hatten sie eigentlich beauftragt, die Lebensmittel in den Kellern einzumauern. Zu uns kamen sie, weil wir dank eines tiefen Brunnens als einzige sauberes Trinkwasser hatten."

Marlene Zeller-Schlarb aus Rheinbreitbach

„Am 3. Mai übernachteten wir in der Scheune eines Bauernhofes zwischen Dortmund und Holzwickede. Dort trafen wir zwei Franzosen, die als Fremdarbeiter auf dem Heimweg waren. Morgens in der Dämmerung weckte uns lauter Lärm. Es fielen Schüsse. Dann kam jemand die Leiter hoch und fragte etwas mit östlichem Akzent. Die Franzosen antworteten und wiesen sich als Fremdarbeiter aus. Sie wurden als ‚Kollegen' anerkannt und begnadigt, durften sich also entfernen, wobei wir uns anschließen konnten. Rings um das Haus stand eine Horde bewaffneter Fremdarbeiter. Man schoss auf Fenster und bearbeitete die Türen mit Äxten. Die Tiere hatte man schon herausgeholt. Ob die Bewohner überlebt haben, weiß ich nicht, möchte es aber bezweifeln."

Dietrich Spangenberg aus Meppen

„Ihre damaligen Peiniger, NSDAP-Bonzen, Werkleiter und Bauern, die sich unmenschlich verhalten hatten, wurden verfolgt und mit Billigung der amerikanischen Militärs eingesperrt. Die Rache der Zwangsarbeiter ging soweit, dass unweit unseres Hauses ein Bauer am Baum vor seinem Hof erhängt wurde. Fast täglich fuhren nun Eisenbahnzüge mit ehemaligen Gefangenen Richtung Osten. Manchmal hörten wir Schüsse, die von den Zuginsassen abgegeben wurden. In ihrem Übermut feuerten sie auf Tiere, Gartenhäuschen und andere Ziele entlang der Strecke."

Erich Werbeck aus Wuppertal

„Plötzlich gab es lautes Getöse im Hausflur, die Küchentüre wurde aufgestoßen. Eine Menge von so komisch redenden Männern stand auf einmal vor uns. Es waren bestimmt um die zwanzig, es waren Polen, die wohl im nahe gelegenen Wald in Baracken gelebt hatten. Sie waren so dreist und frech und rissen ohne zu fragen unsere Schränke und Schubladen auf und nahmen mit, was ihnen in die Finger kam. Ich hatte schreckliche Angst und rannte die Treppe hinauf. Dort fand ich meine Mutter weinend mit einem Mann kämpfend. Doch dann kam noch ein Mann, der den Fremden nun lautstark ausschimpfte. Mein Bruder war so schlau gewesen und hatte unseren polnischen Gärtner geholt, der schon lange bei uns war."

Marita Artz Windeck, damals Schloss Benthage

„Aufgeschreckt durch laute Stimmen sahen wir auf einmal einen Trupp uns unbekannter Menschen, die sich der Hofschaft näherten. Schnellstens verschwanden wir in unsere Häuser. Durch ein Fenster sah und hörte ich dann, dass es sich um Russen oder Polen handelte. Sie waren teilweise sichtbar bewaffnet mit Maschinenpistolen. Der Nachbarsfrau rissen sie den Ehering vom Finger und erschossen anschließend ihren Mann mit mehreren Kugeln. Auch auf unser Haus kamen zwei Männer zu, wovon einer die Treppe hochstürmte, die Tür eintrat und meine Mutter knüppelschwingend ins angrenzende Schlafzimmer drängte und sie aufs Bett warf. Ehe Weiteres geschah, fielen draußen Schüsse. Daraufhin verschwand unser ‚Besuch'. Ein älterer Jugendlicher hatte mit dem Fahrrad die Militärpolizei verständigt."

Helmut Grünewald aus Solingen

Die neue Freiheit war für die russischen Kriegsgefangenen nur von kurzer Dauer. Nachdem sie in ihre Heimat zurückgeführt worden waren, kamen die meisten erneut in Arbeitslager, diesmal unter dem Kommando des russischen Diktators Stalin.

Das Rheinland arbeitete am Neuanfang

Am 7. April 1945 erließ der Kommandant der Heeresgruppe B, Walter Model, einen Befehl zur „sicherheitspolizeilichen Überprüfung" aller noch gefangen gehaltenen politischen Häftlinge in seinem Einflussbereich – und das bedeutete nach heutigen Erkenntnissen nichts anderes als den Tod von vielen Menschen, die ansonsten den Krieg wohl überlebt hätten.
Zur gleichen Zeit bot sich im linksrheinischen Gebiet ein ganz anderes Bild. Hier arbeitete schon wieder eine provisorische öffentliche Verwaltung, kontrolliert von den amerikanischen Besatzungsbehörden, die noch vollauf damit beschäftigt waren, ein Verfahren zur Entlassung von nationalsozialistisch belasteten Mitarbeitern aus öffentlichen Ämtern zu entwickeln. So veröffentlichten die Amerikaner in Krefeld am 9. April 1945 erstmals Richtlinien zu dieser Frage.
Überall herrschte Hunger. In den Städten wurde zwar bald die Lebensmittelversorgung der Bevölkerung wieder einigermaßen sichergestellt, jedoch ohne das Hungerproblem wirklich zu lösen, selbst wenn westlich des Rheins bereits wieder auf den Feldern gearbeitet werden konnte. Von bereits sehr knapp bemessenen 1500 Kalorien Nahrung pro Tag, die jeder Einwohner auf dem Papier erhalten sollte, sahen die meisten von ihnen am Ende weniger als die Hälfte auf ihren Tellern. Westlich des Rheins bekam man auf diese Weise bereits jetzt schon eine Vorahnung von jenen schlimmen Hungerzeiten, die im ehemaligen Deutschen Reich noch bevorstanden. Wirklich gelöst wurde das Ernährungsproblem schließlich erst mit der Währungsreform 1948.
Bald wurde es unverzichtbar, zusätzliche Lebensmittel zu „organisieren", sprich zu stehlen, oder auch gegen Wertgegenstände aus dem eigenen Haushalt einzutauschen. Bereits am 9. April 1945 wurde vor einem Kölner Gericht der erste Schwarzmarktfall verhandelt. Damals ging es um ein Pfund Butter.

Durch sukzessive Eroberungen wurde der Ruhrkessel immer kleiner. Am 6. April 1945 kam es auch in Hamm noch einmal zu heftigen Kämpfen.

Die Verantwortlichen im Ruhrkessel wurden nervös

Nachdem viele alliierte Truppen weiter Richtung Osten marschiert waren, rückte für die verbliebenen Einheiten östlich des Rheins das eingekesselte Ruhrgebiet ins Zentrum der Aufmerksamkeit. An drei Abschnitten begannen amerikanische Streitkräfte nun mit der Einschnürung des Ruhrkessels. Schon am 10. April 1945 wurden im Norden Bochum, Essen und Olpe als eingenommen gemeldet.
Andere Truppenteile kämpften sich zur gleichen Zeit vom Ort der Kesselschließung bei Lippstadt im Nordosten über Hamm, Rynern, Werl und Kamen wieder zurück nach Dortmund, wo sie nur wenige Tage zuvor nördlich vorbeimarschiert waren. In Dortmund war der Krieg am 13. April 1945 zu Ende. Im Süden schließlich überschritten amerikanische Soldaten die Sieg

Während sich die Alliierten weiter Richtung Osten vorkämpften, wurde im Rheinland bereits wieder auf dem Feld gearbeitet. Kohl war in jenen Tagen das einzig verfügbare frische Lebensmittel.

Parallele Welten: An der Front wurde noch gekämpft und in den besetzten Gebieten die Lebensmittelversorgung, wie hier in Eschweiler, wieder aufgebaut.

Als bedeutender Verkehrsknotenpunkt war Hamm ein wichtiges Ziel für die Alliierten. Am 6. April 1945 gewannen die Amerikaner die Oberhand und besetzten die Stadt.

und kamen in wenigen Tagen bis nach Hagen/Wetter, wo sie am 14. April den Ruhrkessel nochmals in der Mitte durchbrechen konnten und die deutsche Heeresgruppe B in zwei verschiedene Gebiete abdrängten. Während sich der kleinere Teil im Osten rund um Iserlohn sammelte, zog sich der andere Teil nunmehr Richtung Düsseldorf im Südwesten zurück. Die Situation für die deutschen Soldaten, die ohnehin nur noch zu einzelnen Verteidigungsnestern zusammengestellt werden konnten, war endgültig aussichtslos geworden. Mangel an Verpflegung, an Benzin und an Munition bereiteten ihnen größere Probleme. An einen deutschen Ausbruch aus dem Ruhrkessel war nicht mehr zu denken, ebenso wenig an Hilfe von außen. Generalfeldmarschall Model dachte aber trotz allem nicht an Kapitulation. Ein entsprechendes Angebot der Amerikaner lehnte er ab. Einerseits waren er und seine Offiziere von der nationalsozialistischen Durchhalteideologie überzeugt, andererseits drohte jedem Abweichler Sippenhaft für seine gesamte Familie. So erließ man weiterhin in den Stabsstellen die nötigen Befehle, um die Kämpfe fortzuführen. Noch am 9./10. April 1945 wurden die Ruhrbrücken gesprengt, zum Schaden vor allem der Anwohner, da über die Brücken viele lebenswichtige Versorgungsleitungen, zum Beispiel für Trinkwasser, führten. Die US-Armee hinderten die zerstörten Brücken kaum am weiteren Vormarsch, da sie schnell Ersatzbrücken aus Pontons errichten konnte.

Am 16. April 1945, in Berlin suchte man zu diesem Zeitpunkt bereits Schutz vor dem Artilleriebeschuss auf die Stadt, kam das Ende für den nunmehr abgetrennten östlichen Teil des Ruhrkessels. Rund um Iserlohn und Schwerte nahmen deutsche Offiziere schließlich doch noch Kontakt zu den Amerikanern auf, um über eine geordnete Einstellung der Kampfhandlungen zu verhandeln. Auf dem Marktplatz von Iserlohn traten die Reste der deutschen Truppen an, um sich bedingungslos zu ergeben und um nach einem kurzen militärischen Unterwerfungsakt in die Kriegsgefangenschaft zu gehen. Und obwohl dies ein sensationelles Ende eines großen Teils der deutschen Soldaten im Ruhrkessel war, verzichteten die Alliierten vorerst auf eine Veröffentlichung dieser Nachricht, damit die Angehörigen der Soldaten nicht der nationalsozialistischen Sippenhaft zum Opfer fielen. Im weiteren Verlauf der Kämpfe prägten die amerikanischen GIs nun den Ausdruck „mopping up", was soviel bedeutet wie „aufwischen": Nun mussten nur noch die letzten Reste der Nazidiktatur im Ruhrgebiet und in Westfalen beseitigt werden. Es fehlte von den größeren Städten nur noch Düsseldorf auf der Liste der Alliierten.

Selbstmorde unter den Verantwortlichen

Eine Vielzahl von Menschen beging bei Kriegsende Selbstmord. Unter ihnen waren Kriegsverbrecher, Größen des Regimes, aber auch Verzweifelte, deren Angehörige, insbesondere Kinder, umgekommen waren. Überall im Ruhrkessel brachten sich Parteifunktionäre, Beamte, Politiker und fanatische Nationalsozialisten um. Der Dortmunder Kreisleiter, Walter Borlinghaus, erschoss sich ebenso wie der ehemalige Lüdenscheider Oberbürgermeister, der seine ganze Familie mit in den Tod nahm – oder auch der Bürgermeister von Hohenlimburg. Andere ehemals leitende Männer der NSDAP suchten ihr Heil in der Flucht, zum Beispiel die Gauleiter der Regionen Düsseldorf, Köln-Aachen, Westfalen-Süd und Westfalen-Nord.
Die Legenden, die sich später um das Verhalten einzelner Nazi-Größen ranken sollten, haben nichts mit der damaligen Wirklichkeit gemein. Berichte über vermeintliche Verdienste ehemaliger Funktionäre und Militärs bei der Übergabe von Städten oder der Verhinderung von blutigen Kämpfen sind wohl eher auf die Übermacht der Alliierten als auf das Vernunftdenken al-

Mehrere Wochen lang lagen sich die Kriegsparteien am Rhein bei Düsseldorf gegenüber. Die Herrschaft des Nationalsozialismus wurde hier erst ganz zum Schluss, am 17. April 1945, von den Amerikanern beendet.

ter Nationalsozialisten zurückzuführen. Dennoch gab es später Versuche, sich mit solcherlei Legenden bei der Entnazifizierung in ein günstiges Licht zu stellen.

Düsseldorf: Tod im letzen Augenblick

In der Nacht zum 17. April 1945, kurz vor Ende der nationalsozialistischen Herrschaft in Düsseldorf, kam es noch einmal zu einer Tragödie. Schauplatz war der Hof einer Düsseldorfer Schule, westlich des Volksgartens. Als dort nämlich eine Abordnung der Schutzpolizei ihre Gewehre auf fünf zum Tode verurteilte Widerstandskämpfer richtete, fehlten zu deren Rettung nur wenige Stunden, da der Einmarsch der Amerikaner bereits kurz bevorstand. Die Männer waren standrechtlich zum Tode verurteilt worden, weil sie es gewagt hatten, heimlich die kampflose Übergabe der Stadt vorzubereiten.

Die Keimzellen des Widerstands waren der Rechtsanwalt Karl-August Wiedenhofen sowie der Architekt Aloys Odenthal, die beide mit dem Leben davonkamen. Seit langer Zeit schon bildeten sie eine Art verdeckte Opposition im nationalsozialistischen Düsseldorf, da sie sich regelmäßig zu kritischen Gesprächen versammelten. Nur öffentlich aktiv waren sie bislang nicht geworden. Als nun die Alliierten vor den Toren der Stadt standen, sahen sie ihre Stunde gekommen. Sie weihten den ebenfalls kritischen Kommandeur der Schutzpolizei Franz Jürgens in ihre Pläne ein. Durch die Unterstützung der Polizeikräfte, so der Plan, könne man die verbliebenen Nationalsozialisten ausschalten. Der Kommandeur war einverstanden. Mit noch fünf weiteren Gleichgesinnten konnte die Gruppe wenig später den Polizeipräsidenten – den überzeugten Nationalsozialisten August Korreng – verhaften. Dessen Absicht, Düsseldorf bis zum letzten Atemzug zu verteidigen, sollte auf diese Weise verhindert werden.

Wiedenhofen und Odenthal statteten sich mit offiziellen Papieren aus und machten sich auf, um mit den Alliierten hinter der Frontlinie zu verhandeln. Inzwischen wurde Korreng aber von einem linientreuen Kommando befreit und konnte den Kommandeur der Schutzpolizei sowie vier der fünf Widerstandskämpfer verhaften und verurteilen lassen.

Das Ergebnis des versuchten Widerstands war zweigeteilt. Einerseits erreichten Wiedenhofen und Odenthal bei den Amerikanern, dass Düsseldorf nicht wie geplant durch rund 1000 bereitstehende Flugzeuge sturmreif gebombt wurde und dass die Stadt darüber hinaus ohne weitere Gewalt eingenommen werden konnte. Andererseits forderten sie das NS-System mit ihrer Aktion so sehr heraus, dass fanatische Nationalsozialisten alle Todesurteile rücksichtslos vollstrecken ließen, obgleich die militärische Lage bereits aussichtslos war. Der Hof des heutigen Berufskollegs in der Düsseldorfer Färberstraße ist seitdem als Schauplatz eines der letzten Nazi-Verbrechen im Rheinland bekannt. Erst 1998 wurden die Urteile als nationalsozialistisches Unrecht wieder aufgehoben. Der letzte Überlebende des damaligen Widerstands, Aloys Odenthal, starb im Dezember 2003 als Ehrenbürger der Stadt.

Der Einmarsch der Amerikaner in Düsseldorf. Nur wenige Stunden zuvor hatten Nationalsozialisten die letzten Hinrichtungen durchgeführt.

So erlebte ich das Kriegsende

„Wir waren vier Tage im Bunker und plötzlich ging die Tür auf und ein schwarzer GI steht mit Gewehr im Anschlag vor uns. Ob er wirklich so groß war, oder ob ich in meiner Angst ihn nur so groß sah, ich weiß es nicht mehr, auf jeden Fall war er so groß wie die Bunkertür und ich sah mein letztes Stündlein schlagen und mich schon auf einem Rost liegen. Hat der Idiot von Lehrer mit seinen Parolen vielleicht Recht gehabt? Es waren dann aber hauptsächlich die schwarzen Soldaten, die dafür sorgten, dass wir Kinder und unsere Mütter etwas zu essen hatten."
Theodor Schäfer aus Leverkusen

„Ich stand wieder mal am Fenster, als plötzlich ein Panzer auftauchte. Langsam rollten diese Ungetüme durch unsere Straße. Ich hatte unglaubliche Angst und rief nach meiner Mutter. Ich muss wohl ‚Panzer, Panzer' geschrieen haben. Und dann beruhigte mich meine Mutter, sie meinte, es sei nun Frieden und ich müsste keine Angst mehr haben."
Rolf Lommel aus Haan

„Als die Amis mit meinem Bruder in unseren Wohnverschlag kamen, sah ich als naives Kind ‚Uniformen' und brav sagte ich ‚Heil Hitler'. Da war aber was los! Meine Mutter verwendete ihren ganzen Charme. Vater brachte ganz schnell Wein. Wie sie es geschafft haben, dass wir nicht alle hintereinander erschossen wurden, habe ich nicht mitgekriegt."
Johannes Ebner aus Rheinfelden

„Neugierig ging ich auf den Balkon von dem Bauernhaus unseres Vermieters. Ja, was rollt dort den Berg hinab? Als Vorhut vier Jeeps mit schwarzen Soldaten. Aus einem Megafon wurde zur Kapitulation aufgerufen. Ich schrie: ‚Frau Meier, Frau Meier, schnell ein weißes Tuch, das müssen wir aufhängen' – ‚Aber nicht auf dem Balkon', war die Entscheidung dieser überzeugten Nationalsozialistin."
Elisabeth Klein aus Ennepetal

„Eigentlich begann der Tag wie die anderen auch, dann sahen wir am Anfang der Straße die olivfarbigen gepanzerten Militärwagen mit den amerikanischen Soldaten. Wir Kinder verzogen uns direkt in die Häuser und warteten mit Müttern und Omas. Dann war es soweit, stürmisches Klingeln, Mutter öffnete und herein platzen zwei weiße und ein farbiger GI, mit Helm und Seitengewehr, davor ein Bajonett und alles olivgrün. Die Herren rissen alle Türen auf, öffneten die Schränke, stocherten mit dem Bajonett unter und ins Bett, kassierten Armbanduhren und für sie interessante Gegenstände. Mich beeindruckte besonders der Farbige mit seinen dunklen Kulleraugen und der schwarzen Haut. So etwas hatte ich zuvor noch nie gesehen. Als die drei Amis gingen, gab mir der Farbige noch einen Streifen Kaugummi in Silberpapier mit den Worten: ‚Please for you'."
Erich Werbeck aus Wuppertal

Eine prägende Verbindung: Kinder wurden von den amerikanischen Soldaten mit Kaugummi und Schokolade beschenkt. Vielen Kindern prägten sich Situationen wie diese für immer ins Gedächtnis ein.

„Das ganze Dorf wurde besetzt, Soldaten zu Fuß. Mit schussbereiten Maschinengewehren in den Händen durchkämmten sie die Häuser, wurden aber nirgends fündig. Plötzlich löste sich ein Jeep aus einer Gruppe der Begleitfahrzeuge und befuhr in zügigem Tempo eine östliche Ausfallstraße des Dorfes, hier wohnte unser Bürgermeister. Schon bald kamen die Amerikaner mit ihm zurück. Er saß vorne im Jeep, trug eine weiße Fahne. Der Jeep fuhr mit ihm durch alle Straßen des Ortes… Schließlich konnten die amerikanischen Truppen weiterziehen und erreichten noch am Nachmittag den Rathausplatz in Lippstadt. Dort wurde dann der so genannte Ruhrkessel geschlossen."
Franz Kemper aus Geseke-Stürmede

„Vor dem Rathaus war zwar ein Wachposten aufgestellt, doch stand dieser nicht mit geschultertem Gewehr vor oder in einem Schilderhäuschen, sondern hatte es sich in einem Korbsessel bequem gemacht, seine Knarre zwischen den Knien."
Edith Tinnermann aus Münster

„Am 7. 4. 1945 rollte die Front zu uns, die ersten Schüsse trafen mein Elternhaus und meinen Vater, der in der Haustür stand. Vater war sofort tot, das Haus brannte ab. Der Beschuss dauerte die ganze Nacht."
Anneliese Michl aus Dortmund

„Als die Amerikaner kamen, war ich sechs Jahre alt. Eine Militärkolonne fuhr durch das Dorf und einer der Jeeps hielt genau vor unserer Haustür. Ein schwarzer GI bedeutete mir, durch die geöffnete Wagentür zu ihm zu kommen und mich auf seinen Schoß zu setzen, denn kleine blonde Mädchen erhöhten die Aufmerksamkeit. Dass ich dieser Aufforderung nachkam – meine Großmutter verfolgte diesen Vorgang mit besorgter Miene – hatte einen besonderen Grund: Ein dunkles, süß duftendes Lockmittel, noch nie probiert: Schokolade!"
Elisabeth Tschauder aus Münster, damals im Sauerland

„Meine Mutter hing anstelle der Fahne ein weißes Betttuch aus dem Fenster. Mein Vater schmiss den Revolver, der sich in seinem Besitz befand, aus dem Fenster in die Wupper, die hinter unserem Haus floss. Dann wurden ‚die Fahne', ‚das Buch' und alle Führerbilder verbrannt. Dann kamen die Amerikaner."
E. C. aus Wuppertal

„Die Türklingel läutete und ich als Kind rannte hin, um zu öffnen. Meiner Mutter, die Schneiderin war, und eine ihrer Kundinnen kamen hinter mir her. Vor der Tür stand ein baumlanger Schwarzer, woraufhin die Dame still ohnmächtig zu Boden ging. Der Schwarze war so freundlich und nett und tröstete und beruhigte die Dame, die mittlerweile wieder zu sich gekommen war. Wir wurden reichlich mit Schokolade und Kaugummi beschenkt und der tollste Gipfel war: Ich durfte im Jeep mitfahren, vorne stehend, nach Hause ins nächste Dorf, wo wir wohnten. Alle die uns sahen, vor allem die Kinder, meinten, ich sei entführt worden. Aber er setzte mich zu Hause bei meiner Oma ab und alles war gut – ich stolz wie Oskar auf dieses Erlebnis."
Käthe Broich aus Jülich

Viele Zeitzeugen haben sich an Begegnungen mit farbigen Soldaten erinnert. Die NS-Propaganda hatte sie als wilde Kannibalen beschrieben, um Angst zu schüren.

Die „neue“ Zeit: Nach dem 17. April 1945

Am 17. April ging der Krieg zwischen Rhein, Ruhr und Weser zu Ende. Die ständigen Bombardierungen, die Angriffe der Jagdflugzeuge und die Todesängste in den Luftschutzkellern waren überstanden und kein fanatischer Nationalsozialist konnte mehr Mordkommandos befehligen. 21 Tage vor der bedingungslosen Kapitulation des Deutschen Reichs am 8. Mai 1945 begannen sich die Dinge im Westen neu zu ordnen. Die Menschen kehrten zurück in ihre Heimatorte und fingen mit dem notdürftigen Wiederaufbau an. Doch der Weg aus den Trümmern zu einem Leben ohne Not war damals noch nicht abzusehen.

Krieg war nun anderswo

Die letzten drei Kriegswochen in Deutschland ließen an der bevorstehenden Niederlage des Deutschen Reichs keinen Zweifel mehr. Die Frontstellungen der Amerikaner und Engländer befanden sich nun im Norden bei Bremen, im Osten bei Magdeburg, Leipzig und Chemnitz sowie im Süden bei Nürnberg und Stuttgart. Schon am 25. April 1945 sollten sich Amerikaner und Russen an der Elbe die Hand reichen und damit bereits symbolisch den Erfolg ihres gemeinsamen Vorgehens gegen Hitler-Deutschland feiern. Die Ereignisse überstürzten sich. Am 28. April 1945 wurde der italienische Faschistenführer Benito Mussolini unweit der Schweizer Grenze erschossen, zwei Tage später beging Hitler in Berlin Selbstmord, während in den Randbezirken der Reichshauptstadt bereits die Rote Armee die Oberhand gewonnen hatte. Von alledem bekamen die Menschen zwischen Rhein, Ruhr und Weser aber nur wenig mit, da solche Nachrichten sich oft gar nicht oder nur gerüchteweise verbreiteten. Im Westen waren vom deutschen Militär nur hunderttausende Kriegsgefangene übrig geblieben, die nun in die Kriegsgefangenenlager geschafft wurden. Der einstige Kommandeur des Ruhrkessels Model hatte sich zwar nach der Einnahme Düsseldorfs noch einige Tage verstecken können, doch schon am 21. April 1945 nahm er sich das Leben.

Der lange Weg zurück

Die Menschen hatten jetzt andere Sorgen. Viele, die zum Teil erst kurz vor Kriegsende geflüchtet oder in Ausweichquartiere gezogen waren, setzten sich nun wieder in Bewegung und kamen von allen möglichen Orten wieder zurück nach Hause. So auch Ursula Vaes aus Euskirchen, damals 11 Jahre alt. *„Wir wollten zurück nach Euskirchen und befanden uns noch auf der anderen Rheinseite. Hunderte Menschen standen für eine Bootsüberfahrt an und meine Mutter war allein mit mir und meinem 14 Monate alten Bruder. Als der laut zu schreien anfing, sagte der Bootsmann: ‚Wo ist die Frau mit dem Baby. Lasst die mal zuerst durch!‘ So kamen wir über den Rhein. Nach der Überfahrt musste meine Mutter vor Erleichterung weinen.“*

Köln am 24. April 1945. Der Dom steht nur scheinbar unbeschädigt inmitten der komplett zerstörten Innenstadt. Die zurückkehrenden Menschen konnten sich kaum noch orientieren, denn Köln, wie sie es einmal gekannt hatten, war buchstäblich verschwunden.

Wir hatten Hunger

„Allmählich gewöhnten wir uns an den Anblick der neuen Uniformen. Wir mussten versuchen, Lebensmittel aufzutreiben. Alle hatten Hunger. Meine Schwester und ich halfen meiner Mutter, den Haushalt zu bewältigen und die Lebensmittel zu beschaffen. Das Schlangestehen war eine Beschäftigung, die uns viel Zeit kostete. Einmal gab es beim Bäcker überraschend Brötchen aus schneeweißem amerikanischen Mehl. Wir rannten, auf dass wir am Ende nicht ganz hinten anstehen müssten. Diese Brötchen sahen einfach wunderbar aus, innen schneeweiß und außen hellbraun gebacken. Für mich, die ich immer Hunger hatte, ein unglaublicher Anblick."

Ursula Lenkewitz aus Bielefeld

„Leichter als an Brot konnte man in den ersten Wochen der amerikanischen Besatzung an Zigaretten kommen. In der Ortsmitte standen die Panzer, Militärlaster und Jeeps. Die schwarzen Soldaten bewachten sie. Und die waren – anders als ihre weißen Offiziere, wie wir bald merkten – sehr freundlich. Vor allem zu uns Kindern. Da wir in den schullosen Wochen im Privatunterricht schon ein paar Brocken Englisch gelernt hatten, konnten wir uns sogar ein wenig verständigen. Sie gaben uns Schokolade und das uns völlig unbekannte ‚Chewinggum'. Wenn wir sie fragten: ‚Do you give me a cigarette?', wurde prompt zurück gefragt: ‚For you or your father?' Ganz schnell hatten wir spitz, dass die Antwort nur lauten durfte: ‚For me!'"

Dieter Schneider aus Bergisch-Gladbach

„Manchmal bekamen wir später ein CARE-Paket. Blockschokolade, Milchpulver, Brausetütchen und vieles mehr. Unter all den schönen Dingen war auch eine kleine Dose Himbeermarmelade. Meine Mutter bestrich uns eine Maisbrotschnitte und erwartungsvoll bissen wir hinein. ‚Pfui Teufel' schimpfte meine Mutter und spuckte es aus. Ich selbst war ganz erschrocken und wusste mit dem Geschmack auch nichts anzufangen. Mir war nur peinlich, dass meine Mutter so gnadenlos und verbittert über diese ‚Unverschämtheit' schimpfte. Als ich viele Jahre später Tomatenmark kennen lernte, wusste ich, dass das die Himbeermarmelade aus dem CARE-Paket war."

Helma Freese aus Greven

„Einer der schwarzen Amerikaner gab mir breit lachend ein Plättchen Kaugummi. Da ich nicht wusste, was das war, ging ich zu meiner Mutter und fragte. Sie erklärte es mir und ich hatte ein wunderbares Schlüsselerlebnis. Beim Essen wurde der Kaugummi vorsichtig neben den Teller gelegt, um diese Kostbarkeit weiter genießen zu können. Leider habe ich ihn dann aber unvorsichtigerweise verschluckt und war sehr traurig."

Gottfried Frank aus Kürten-Biesfeld

„An einer Friedhofsmauer in Dortmund stand geschrieben: ‚Du liegst bald hinter dieser Mauer, bist du nicht Schieber, Bergmann oder Bauer'. Meine Mutter arbeitete den ganzen Tag im Garten. Für Sämereien und Setzlinge hatte sie Geschirr getauscht. Ich selbst war unterwegs auf Lebensmitteljagd. Zwei Stunden Schlangestehen für ein halbes Pfund Leberwurst – wenn ich Glück hatte."

Else Schmidt aus Bonn

„Die Amis hatten Essen dabei; eine Konservendose nach der anderen kam auf den Tisch. Dann wollte mir ein farbiger Soldat aus einer Büchse, auf der nur Zahlen standen, etwas abgeben: rund, gelb, ein Loch in der Mitte, voller Saft. Mama wollte nicht, dass ich das nahm; es wäre die erste Scheibe aus einer neuen Dose gewesen. Wer weiß, was das ist? Der Soldat begriff sofort, nahm eine Scheibe und aß sie mit sichtlichem Vergnügen. Da durfte ich auch essen. Es handelte sich natürlich um Ananas. Aber wer kannte das damals?"

Wilfried Hahn aus Weil

„Für mich war die größte Hungerzeit vorüber, als ich im Sommer 1945 damit begann, auf abgeernteten Feldern nach Kartoffeln zu hacken, die der Ernte entgangen waren. Das war eine mühsame und nicht immer erfolgreiche Arbeit, je nachdem, wie viel Kartoffeln in der Erde zurückgeblieben waren. Diese Art des Nahrungserwerbs wurde bald sehr gebräuchlich. Die Leute standen schließlich mit Eimer und Hacke schon bereit, wenn das Feld zum Nachhacken freigegeben wurde."

Dr. Walter Schwenk aus Opladen

„Mit den Amerikanern bekam ich zum ersten Mal nach vielen Jahren wohlgenährte Menschen zu sehen. Wir waren alle dürr. Unsere deutschen Soldaten saßen in ihren Autos in der Regel steif und senkrecht. Die Amis saßen oft so tief, dass sie Mühe hatten, an ihren Knien vorbeizusehen. Von deutschen Soldaten war ich genagelte Schuhe, marschieren in Kolonnen und schmetterndes Singen gewöhnt. Wenn die Amis sich überhaupt mal zu Fuß bewegten, dann schlichen sie auf Kreppsohlen und gingen mit betont großem Abstand voneinander. Von den deutschen Soldaten war ich Eintopfessen, Gulaschkanone und Kommissbrot gewöhnt. Bei Amerikanern sah ich bei einer Essensausgabe Teller mit 3- oder 4-fach-Teilung. So etwas hatte ich mir schon immer gewünscht."

Wilfried Theis aus Wuppertal-Barmen

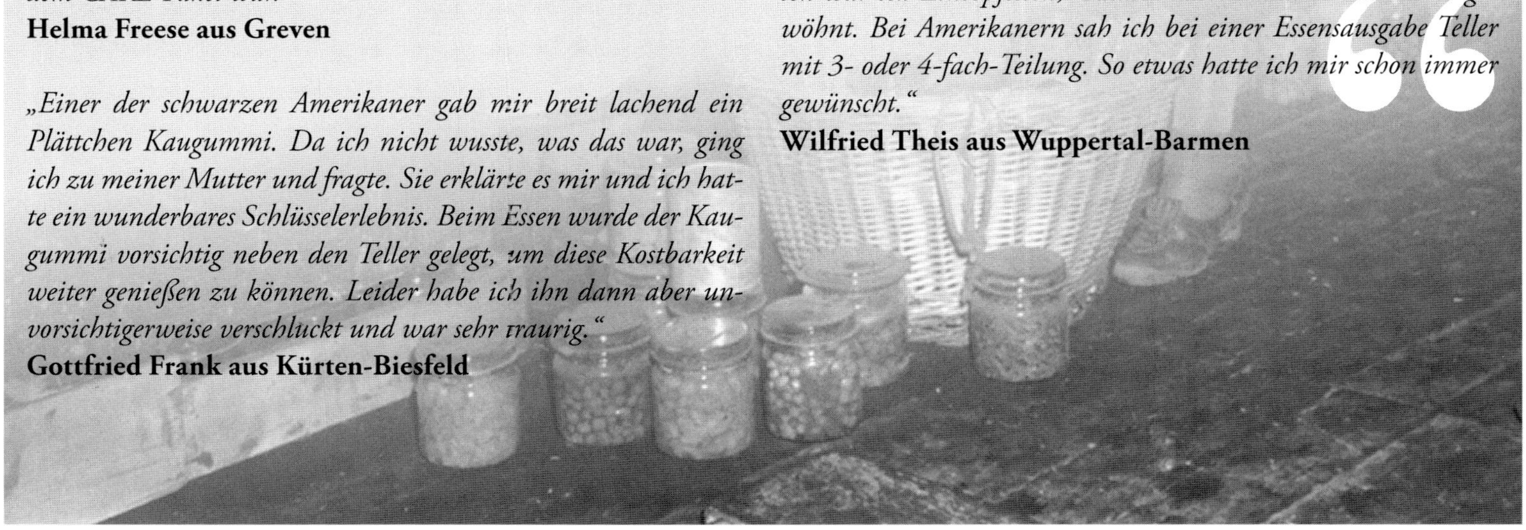

An den Eingangstüren prangte nun der Schriftzug „off limits" – „gesperrt, verboten" – und damit waren die Gebäude für Deutsche ohne Einladung nicht mehr betretbar. Deutsche Verwaltungen, aber auch einfache Bürger mussten im Einzelfall zusehen, wo sie nach einer Räumung unterkamen. Das Fraternisierungsverbot ließ keine Möglichkeit, sich in einem der betroffenen Häuser vielleicht doch noch irgendwo zurückziehen zu können. Auch Ilse Finkeldey aus Minden erinnert sich noch an diese Räumungsbefehle. *„Da wurden vier-, fünf-, sechshundert Häuser geräumt, die Leute durften außer ihren persönlichen Sachen nichts mitnehmen. Und da setzten sich die Engländer dann fest."*

Die Briten übernehmen das Kommando

Nachdem die amerikanischen Besatzungsbehörden die ersten Bürgermeister in den Städten und Gemeinden eingesetzt und am 30. April 1945 in ihrem Zuständigkeitsbereich bereits eine Rheinprovinz mit dazugehöriger Provinzialregierung ausgerufen hatten, veränderte sich die politische Landkarte unmittelbar nach Kriegsende noch einmal erheblich. Der größte Teil der Menschen im Rheinland und im Ruhrgebiet kannte bisher nur die amerikanischen Truppen, doch im Verlauf der ersten Wochen nach Kriegsende wurden diese vollständig durch britische Soldaten abgelöst. Die Briten, die bis zu diesem Zeitpunkt nur nördlich des Ruhrgebiets in Erscheinung getreten waren, weiteten ihren Zuständigkeitsbereich Richtung Süden aus, so wie es mit den anderen Alliierten abgesprochen war. Die britische Besatzungszone umfasste bald den gesamten Nordwesten Deutschlands, also vor allem die späteren Bundesländer Nordrhein-Westfalen, Niedersachsen, Hamburg und Schleswig-Holstein. Nur Bremen war dem amerikanischen Kommando unterstellt und wurde von den USA als Nachschubhafen für ihre eigene Besatzungszone in Süddeutschland genutzt. Mit fast 23 Millionen Menschen war das britische Gebiet zwischen Hamburg und Köln die bevölkerungsreichste Besatzungszone der Alliierten. Oberkommandierender und Militärgouverneur wurde zunächst Sir Bernard L. Montgomery. Die Hauptverwaltung des britischen Militärs, die „Control Commission of Germany, British Element", wurde zunächst in Bad Oeynhausen zwischen Herford und Minden eingerichtet. Ein großer Teil der Stadt musste dafür geräumt werden. Erst später wurde Mönchengladbach zum Hauptsitz der britischen Militärregierung.

Die Militärverwaltung wurde die oberste Instanz. Bei ihr bekamen die Menschen neue Ausweispapiere, Genehmigungen und Lizenzen. Dort beobachteten die Besatzer aber auch die kommunale Politik und kontrollierten deren Aktivitäten.

Das Verbotene lockte: Blindgänger töten viele Kinder

„Ich lief mit meinen Straßenfreunden bis zu einer Mulde, in der im Krieg Fesselballons verankert worden waren. Hier ritzte ich mit einem Messer sechs Nebel-Handgranaten auf, damit ich das darin enthaltene Schwarzpulver entzünden konnte. Die Gruppe der Kinder stand in sicherer Entfernung von mir, doch ich hatte kein Feuerzeug. Ich rief ihnen zu, ob denn einer Feuer bei sich hätte. Einer gab mir ein Feuerzeug, aber dieses brannte nicht sofort. Ich musste lange damit rumschnipsen. Plötzlich eine gewaltige Explosion. Eine große Rauchwolke schloss mich ein, ich bekam keine Luft und konnte auch nichts mehr sehen. Ich verspürte große Schmerzen an meinem Kopf, im Gesicht und am rechten Bein, sowie an einem Unterarm. Ich wurde zu meinem Vater gebracht. Der sagte nichts, holte nur eine Schüssel und schüttete heißes Wasser hinein und begann, meine Wunden mit Seife und Wasser zu reinigen. Dabei durchlebte ich in diesem kurzen Moment die wirkliche ‚Hölle meines Lebens‘!“
Hermann Heinrich aus Wuppertal

„Auf der Straße war viel Betrieb. Auf einmal gab es eine Detonation. Ich spürte einen Schmerz in der rechten Hand und sah die Hand bluten. Die Polizei kam und brachte gleich mehrere verletzte Kinder in den Flur der Polizeiwache, der bald mit Blut bedeckt war. Ich sah zerfetzte Beine. Erst später erfuhr ich: Die Kinder hatten im alten Freibad gespielt und Handgranaten gefunden. Ein Mann hatte gesehen, wie die Kinder sie mit sich herumschleppten und gerufen, schmeißt das Zeug weg. Da waren die Sachen auf den Gehweg geflogen und richten das Unheil an.“
Klara Ollerdissen aus Bielefeld

„Hinter einem Hoftor standen einige Kisten mit kleinen gelben Dynamitpaketen, jedes wog ein halbes Pfund. In der Nähe eines Bunkers lagen gleich fünf Zentner Dynamit in Form von rötlichem Pulver, das in Ölpapier eingepackt war. Als wir schließlich auch noch riesige Mengen Zündschur und Zündkapseln fanden, wollten wir es endlich ausprobieren: Ich ging mit meinen Freunden Fische fangen. Da ich einige Male zugeschaut hatte, wie kleinere Sprengungen zum Bau einer Behelfsbrücke vorbereitet wurden, konnte ich eine Ladung zusammenbasteln. Nach der Detonation musste einer ins Wasser und die getöteten Fische an Land werfen. Wir hatten also wieder eine Abwechslung im Speiseplan.“
Paul Otto Sahmel aus Königswinter

„Im Dreisbach lag eine Menge scharfer Gewehrmunition. Sie wurde zu einem beliebten Spielzeug. An einer Brücke waren die Handläufe aus Winkeleisen und am Ende der Winkeleisen befand sich je ein ca. 10 Millimeter großes Bohrloch. In einem solchen Bohrloch konnte man hervorragend eine Gewehrkugel von der Patrone lösen. Die Gewehrkugel wurde ins Bohrloch gesteckt, die Patrone mit der Hand sachte hin und her bewegt. So löste sich die Kugel von der Patrone und man schüttete das freigewordene Pulver in den Handlauf. Das geschah nun Kugel für Kugel, bis auf dem ganzen Handlauf eine lange Pulverspur war. Ein meist älterer Junge, der schon ein Feuerzeug hatte, zündete an einem Ende das Pulver an. Sofort lief ein Feuer in bläulicher Farbe über den ganzen Handlauf. Feuerwerk 1945!“
Wilfried Hahn aus Wiehl

Gefährlicher Alltag: So wie hier in Haltern auf dem Sprengplatz in der Hohen Mark hatten Bombenentschärfer in den ersten Nachkriegsjahren alle Hände voll zu tun.

Die Opfer

Unterdessen entdeckte man nun an vielen Stellen im Land die Massengräber, in denen die letzten Opfer der nationalsozialistischen Hinrichtungskommandos verscharrt worden waren. In Warstein im Sauerland wurde beispielsweise bereits Ende April 1945 ein Erdloch mit 71 Leichen entdeckt. Auch im Rombergpark in Dortmund stießen aufmerksame Beobachter auf die notdürftig mit Erde abgedeckten Zwangsarbeiterleichen in den Bombenkratern. Die Besatzungsoffiziere reagierten darauf, indem sie die örtlich bekannten Nationalsozialisten, aber auch völlig unbelastete Bürger zwangen, die Toten auszugraben. Die restliche Bevölkerung musste dann an den aufgebahrten, halb verwesten Körpern vorbeigehen. Erst danach wurden die Toten zur letzten Ruhe gebettet.

Kriegsgefangene und Zwangsarbeiter, die mit dem Leben davongekommen waren, wurden indes zu so genannten „Displaced Persons", zu „heimatlosen Menschen". Sie kamen aus den Industriebetrieben in den Städten, aus den zentralen Lagern oder von den Bauernhöfen auf dem Land. Im nordöstlichsten Zipfel des heutigen NRW, nordöstlich der Porta Westfalica, gab es unmittelbar nach Kriegsende sogar einige Dörfer, die ausschließlich von ehemaligen polnischen Zwangsarbeitern bewohnt wurden. Diese „Polendörfer", zum Beispiel Bierde oder Raderhorst, waren fast wie ein autonomes Gebiet innerhalb des restlichen Landes. Die polnischen Bewohner lebten nach ihren eigenen Regeln und dachten gar nicht daran, ihre Gemeinschaft aufzulösen. Schließlich gab es für sie auch wenig Alternativen, irgendwo anders unterzukommen.

In der damaligen Zeit war es für viele Menschen ein großer Widerspruch, dass die „DPs" einerseits Opfer des Nationalsozialismus waren und eine bevorzugte Behandlung verdienten, andererseits aber auch für beträchtliche Spannungen in der restlichen Bevölkerung sorgen konnten. Diese Situation ließ bei den Alliierten Pläne entstehen, die Betroffenen „DPs" möglichst schnell in ihre Heimat zurückzuschicken. Während ehemalige Häftlinge aus Westeuropäischen Ländern schnell und oft auch selbstständig zurückkehrten, wurden für Russen und Polen eigens Rückführungsprogramme aufgelegt, die bis zum Ende des Jahres abgeschlossen waren. So wurde unter anderem das Kriegsgefangenenlager Hemer bei Iserlohn zu dem großen Rückführungszentrum „Camp Roosevelt" umfunktioniert. Nachdem der letzte Kriegsgefangene auf den Heimweg geschickt worden war, nutzte die Britische Rheinarmee die Gebäude noch bis Ende September 1946 zur Internierung von 2000 bis 3500 mutmaßlichen Nazi-Verbrechern. Ähnlich verfuhr die Militärregierung z. B. auch in Stukenbrock.

Beispiel für Vergangenheitsbewältigung in Minden

Von einer organisierten Entnazifizierung konnte noch keine Rede sein, als sich die Besatzungsoffiziere von Minden zu einer ungewöhnlichen Maßnahme entschlossen. Per Anordnung der Militärverwaltung wurde verfügt, dass jeder Einwohner eine Filmvorführung über die Konzentrationslager des Dritten Reichs besuchen müsse. Andernfalls verliere er sein Recht auf eine Lebensmittelkarte. *„Und da haben wir eigentlich erst erfahren, was sich hier in den KZs abgespielt hat"*, erinnert sich Ilse Finkeldey. *„Ich meine, dass die Juden alle mit einem Mal verschwunden waren, das hat uns schon gewundert. Und dann hieß es immer, die kommen irgendwo in ein Lager."* Viele Jahre später habe man dann jüdische Überlebende aus Minden in die Stadt eingeladen, sagt Finkeldey. *„Und ich muss ganz ehrlich sagen, da war ich etwas feige, dahin zu gehen, weil ich die ja nun alle von früher kannte."*

Die deutschen Kriegsgefangenen

Besonders schlecht ging es nach dem Ende der Kampfhandlungen den ehemaligen deutschen Soldaten. Nach dem Rheinübergang der Alliierten im März 1945 machten vor allem die Amerikaner jeden Tag hunderte Kriegsgefangene. In den letzten Tagen stiegen diese Zahlen auf mehrere Tausend Soldaten täglich. Alfred Große Hüttmann aus Münster erinnert sich noch an die zahlreichen Gefangenentransporte. *„Die deutschen Soldaten standen dicht gedrängt auf der Ladefläche der englischen und amerikanischen Lastwagen. Am Ortseingang hielt die Militärkolonne häufig, denn man musste Kühlwasser nachfüllen. Sobald meine Mutter einen gestoppten Transport bemerkte, schickte sie uns Kinder mit allem Essbaren, was sie erübrigen konnte, zu den Männern. Sie selbst fragte immer wieder nach ihrem eigenen Mann. Einige Kriegsgefangene steckten ihr Zettel zu und baten, ihren Familien ein Lebenszeichen zu schicken."* Die Überführung der Kriegsgefangenen zu ihren endgültigen Bestimmungsorten stellte die US-Armee vor organisatorische Probleme. In Rheinberg, Wickrath und Remagen wurden große Felder mit Stacheldraht abgezäunt und mit Wachposten umgeben, um dort auf offenem Feld die Soldaten zumindest einige Wochen gefangen zu halten.

Der ehemalige Soldat Erwin Kleine aus Bad Salzuflen erinnert sich: *„Ich befand mich in einem von den US-Truppen eingerichteten ‚Rheinwiesenlagern' in Büderich bei Wesel auf der linken Rheinseite. Es gab kaum etwas zu essen. Einen Löffel Trockengemüse, Milchpulver oder Mehl, dazu manchmal kleinere Löffel Zucker, Kaffeepulver oder Eipulver. Eine Unterbringung war überhaupt nicht vorhanden, sondern wir hausten in mit Blechdeckeln und Löffeln ausgegrabenen Löchern."* In Remagen wurden Ende April 1945 nach amerikanischen Angaben fast 170 000 deutsche Kriegsgefangene mit nur notdürftiger Verpflegung festgehalten. Die Behandlung der in den Zwischenlagern auf engstem Raum zusammengepferchten Soldaten war so schlecht, dass dadurch abermals etliche Menschen starben. Wer überlebte, wurde schließlich weitertransportiert und oft für geraume Zeit als Kriegsgefangener außerhalb Deutschlands festgehalten, zum Beispiel in Frankreich. Schon im Sommer 1945 waren die meisten Sammelplätze wieder leer.

Am Straßenrand sah man immer häufiger Männer, die auf Krücken liefen, wie sich Helma Freese aus Greven erinnert. *„Ein Hosenbein war umgeschlagen, mit Sicherheitsnadeln hochgenommen, manchmal auch ein Jackenärmel. Das war nichts Besonderes, eben die ‚Kriegsversehrten'. Ein Junge aus meiner Klasse musste seinen Vater führen, denn der war durch einen Kopfschuss blind geworden. Wenn die Männer so nach und nach aus der Gefangenschaft wiederkamen, hatten sie glatt rasierte Schädel."*

Einige Wochen lang unterhielten die Alliierten riesige Übergangslager für deutsche Kriegsgefangene. Die Bedingungen dort waren hart, Mangelernährung und Krankheiten die Regel. Entlang des Rheins befanden sich die größten Lager bei Wesel und Remagen (Foto).

Not macht erfinderisch: Der Schwarzmarkt entsteht

„Für die alte Reichsmark konnte man kaum etwas bekommen, obwohl es eigentlich alles gab. Also wurde ‚kompensiert'. Das Wort hatte eine neue Bedeutung bekommen. Es beinhaltete jetzt den Tausch von Kapitalwaren gegen Lebensmittel, Tabak, Nylonstrümpfe und andere Dinge. Wer etwas zu ‚kompensieren' hatte, konnte alles bekommen: Kartoffeln, Schweinebraten, Rinderfilets, Wein. Es war die Zeit, in der unsere Bauern Perserteppiche im Kuhstall hatten."

Fred Müchler aus Evingsen

„Einer unser wichtigsten Tauschpartner war der Bergmann Gärber. Er war das, was man damals ‚Schieber' nannte. Er konnte fast alles besorgen, was man zum Leben brauchte. Und meine Mutter brauchte gerade Saatkartoffeln und drei Zentner Kohlen. Beides konnten wir von Herrn Gärber haben. Die Frage war, was er dafür haben wollte. Und seine Forderung hat mich damals sehr traurig gemacht, denn meine Mutter musste den wunderschönen Mahagoni-Kleiderschrank hergeben."

Else Schmidt aus Bonn

Der Neubeginn in den Kommunen

Kaum jemand kann sich heute noch vorstellen, wie provisorisch damals der Neubeginn in den Kommunen war. Zur Veranschaulichung ist ein Blick auf einen kleinen handgeschriebenen Zettel hilfreich, den Major O'Donnell der 83. US-Infanteriedivision am 2. April 1945 in Lippstadt geschrieben hat. „This man is the Burgermeister. Please do not arrest him unless he commits some offense." – „Dieser Mann ist der Bürgermeister. Bitte nicht verhaften, außer er begeht eine Straftat." Dieses Dokument ist quasi die Ernennungsurkunde für das Bürgermeisteramt in Lippstadt.

Es wurde geschätzt, dass 50 Prozent der früheren Bürgermeister ohnehin geflohen waren. Rund ein Drittel der verbliebenen galt als hochgradig NS-belastet. Eine politische Kultur musste sich erst noch entwickeln, zunächst vor allem zwischen den Besatzungsbehörden und den deutschen Vertretern. Politische Urgesteine wie Konrad Adenauer, der am 4. Mai 1945 sein Amt als Oberbürgermeister von Köln antrat, oder der Dortmunder Bürgermeister Ostrop wagten schon früh den politischen Widerspruch und versuchten auf vielen Wegen, sich vor den Amerikanern und später vor den Briten Gehör zu verschaffen. Sie waren zunächst die einzigen Mittler zwischen der Bevölkerung und den neuen Machthabern, ohne dass ihnen bereits ein Stadtrat oder eine funktionierende Behörde zur Seite stand. Gemein-

Langsam begann in den Städten und Gemeinden wieder ein reguläres politisches Leben, streng beobachtet von den Besatzungsbehörden. So wie auf diesem Foto des Alten Rathauses von Bonn zu sehen, mussten die neuen Stadtväter in vielen Städten buchstäblich mit nichts beginnen.

destrukturen, Parteien und Presse – das waren alles Dinge, die sich erst nach und nach entwickelten. Zunächst dachten die Alliierten allenfalls an so genannte Vertrauensausschüsse, in denen die verschiedenen Berufsstände vertreten waren.

Das Leben zwischen den Trümmern, das Leben auf dem Land

Es war nicht nur die stetig steigende Zahl der Heimkehrer, die für ein ständiges Kommen und Gehen auf den Bahnhöfen und den Straßen sorgte. Ganz allgemein waren die ersten Nachkriegsmonate geprägt von einem großen Hin und Her auf Straßen und Bahnhöfen im Land. Militärische Bewegungen zum Austausch von Besatzungstruppen, die Wiederbeschaffung von ausgelagerten Kunstwerken, Akten oder sonstigem Material sowie nicht zuletzt der wieder einsetzende private Verkehr sorgten für ein lange nicht gesehenes Treiben an allen Knotenpunkten im Land. Durch die schlechte Versorgungslage gedrängt, entwickelte sich ein reger Austausch zwischen Stadt und Land. Bauern bekamen nun immer öfter Besuch von den Bewohnern der Städte, die sich durch Tauschgeschäfte Lebensmittel „erhamstern" wollten. Eine überlebenswichtige Möglichkeit für viele Menschen, um irgendwie über die Runden zu kommen. *„Die Städter fuhren los mit ihren Hamsterzügen, es wurde alles getauscht gegen Lebensmittel, was nicht niet- und nagelfest war.*

Straßenalltag im Frühjahr 1945: In Krefeld durchsucht ein US-Soldat einen verdächtigen Passanten. Aufgrund des aufblühenden Schwarzmarktes sollten solche Szenen bald zum Alltag gehören.

Die Züge waren unglaublich voll, auf den Dächern, in den Eingängen der Waggons und auf den Trittbrettern standen die Hamsterer mit ihrem Gepäck", erinnert sich Irmgard Clemens aus Bochum-Wattenscheid. Auch Gisela Bücher aus Wuppertal hat diese Zeit noch vor Augen. *„Ich fuhr nach Berg. Neukirchen. Ich wollte sehen, ob es da bei den Bauern etwas zu essen gab. Schließlich war ich ja bekannt im Dorf als Lehrerin. Einem Bauern bot ich das Motorrad meines in Russland gefallenen Bruders an, das im Keller zu Hause stand. Mein Vater würde sicher sehr traurig sein, aber meine Familie musste etwas zu essen haben. Der Bauer wollte es holen kommen und uns dafür einen Zentner Kartoffeln mitbringen. Das war ein Geschenk Gottes."*

Hoffnung einer ganzen Generation

Bis zur Währungsreform 1948 standen den Menschen an Rhein, Ruhr und Weser noch viele Hungermonate bevor, ohne eine konkrete Aussicht auf Besserung. Vieles, was heute im Rückblick als selbstverständliche Entwicklung erscheint, war damals noch längst nicht abzusehen. Noch tobte im Pazifik der Krieg zwischen Japan und Amerika. Noch war keine Rede vom Kalten Krieg und dem Eisernen Vorhang und die Alliierten schworen sich noch öffentlich, gemeinsam für Frieden und Freiheit in der Welt zu kämpfen. Dass Deutschland bald durch den so genannten Marshall-Plan gefördert würde, war zu diesem Zeitpunkt noch undenkbar.

In Münster aber beauftragte die britische Militärregierung am 5. Juli 1945 den früheren Regierungspräsidenten Rudolf Amelunxen mit der Bildung einer Provinzialregierung für Westfalen. Am 29. August 1946 schließlich wurde er zum ersten Ministerpräsidenten von Nordrhein-Westfalen berufen. Das Bundesland, wie wir es heute kennen, wurde aus der Taufe gehoben.

Hinter diesen Gesichtern verbirgt sich die Erfahrung eines Weltkriegs: Die Einschulung der neuen Generation war ein weiterer Schritt zur Besserung der allgemeinen Lage. Wie hier in Krefeld bestanden die Klassen oft noch aus Kindern unterschiedlichster Altersstufen, da viele von ihnen durch Schulausfall und Kriegswirren nicht mehr richtig unterrichtet worden waren.

Eine Auswahl zum Weiterlesen:

Guido Baumann, u. a.: **Die Tragödie von Aachen**, D+C Verlag 2003.

Jost Dülffer (Hrsg.): **Wir haben schwere Zeiten hinter uns. Die Kölner Region zwischen Krieg und Nachkriegszeit.** SH-Verlag 1996.

Helmut Euler: **Die Entscheidungsschlacht an Rhein und Ruhr 1945**, Motorbuch Verlag 1980.

Karl-Heinz Guderian: **Die letzten Kriegstage im Westen**, SZ Offsetdruck-Verlag 1997.

Adolf Hohenstein/Wolfgang Trees: **Hölle im Hürtgenwald. Die Kämpfe vom Hohen Venn bis zur Rur Sept. 1944 bis Februar 1945**, Triangel Verlag 1981.

Karl Hüser/Reinhard Otto: **Das Stammlager 326 (VI K) Senne 1941–1945**, Bielefeld 1992.

Hans-Jörg Kühne: **Der Tag, an dem Bielefeld unterging. 30. September 1944**, Wartberg Verlag 2004.

Heinz Meyer: **Der Zweite Weltkrieg zwischen Teutoburger Wald, Weser und Leine**, K.W. Schütz Verlag 1980.

Willi Mues: **Der große Kessel**, Selbstverlag 1984.

Ulrich Sander: **Mord im Rombergpark**, Grafit Verlag 1993.

Empfehlenswerte Internet-Seiten:

Über den Zweiten Weltkrieg allgemein informiert das Haus der Geschichte in Bonn auf seinen umfangreichen und sehr empfehlenswerten Internet-Seiten:
www.hdg.de/lemo/html/wk2/index.html

Über die Kämpfe rund um den Hürtgenwald informieren unter anderem die Web-Seiten des Hürtgenwald-Museums:
www.huertgenwald.de

Auch das Friedensmuseum der Brücke von Remagen ist im Internet vertreten und bietet Informationen über die damaligen Ereignisse, das Museum und die heutigen Aktivitäten.
www.bruecke-remagen.de

Unter dieser Adresse findet sich ein zentrales Verzeichnis aller großen NS-Gedenkstätten mit vielen Informationen und Hintergrundberichten:
www.ns-gedenkstaetten.net

Das Historische Centrum Hagen informiert über den Bombenkrieg im Ruhrgebiet, beschreibt das Schicksal der Zwangsarbeiter und erläutert regionale NS-Verbrechen.
www.historisches-centrum.de

WEITERE BÜCHER ZUM THEMA AUS DEM WARTBERG VERLAG

Der Tag, an dem Bielefeld unterging – 30. September 1944
von Hans-Jörg Kühne
64 S., geb., zahlr. S/w-Fotos
(ISBN 3-8313-1066-1)

Zwischen Krieg und Frieden Bielefeld 1945
von Hans-Jörg Kühne
48 S., geb., zahlr. S/w-Fotos
(ISBN 3-8313-1409-8)

Bochum im Bombenkrieg 4. November 1944
von Monika Wiborni
64 S., geb., zahlr. S/w-Fotos
(ISBN 3-8313-1464-0)

Bonn im Bombenhagel 18. Oktober 1944
von Horst-Pierre Bothien und Erhard Stang
64 S., geb., zahlr. S/w-Fotos
(ISBN 3-8313-1465-9)

Weitere Bücher zum Thema aus dem Wartberg Verlag

Als der Feuertod vom Himmel stürzte Dortmund 1943–1945
von Oliver Volmerich
64 S., geb., zahlr. S/w-Fotos
(ISBN 3-8313-1337-7)

Zwischen Krieg und Frieden Dortmund 1945
von Oliver Volmerich
48 S., geb., zahlr., S/w-Fotos
(ISBN 3-8313-1485-3)

Bombenkrieg über Düsseldorf
von Olaf Steinacker
64 S., geb., zahlr. S/w-Fotos
(ISBN 3-8313-1329-6)

Hurra, wir leben noch! Düsseldorf nach 1945
von Jasmine De Angelis
64 S., geb., zahlr. S/w-Fotos
(ISBN 3-8313-1278-8)

Hurra, wir leben noch! Haltern nach 1945
von Elke Rüdiger und Elisabeth Schrief
64 S., geb., zahlr. S/w-Fotos
(ISBN 3-8313-1470-5)

Köln im Bombenkrieg 1942–1945
von Hans-Willi Hermanns
64 S., geb., zahlr. S/w-Fotos
(ISBN 3-8313-1475-6)

Hurra, wir leben noch! Köln nach 1945
von Holger A. Dux
64 S., geb., zahlr. S/w-Fotos
(ISBN 3-8313-1284-2)

Die Nacht, in der Krefeld unterging – 22. Juni 1943
von Elisabeth Kremers
64 S., geb., zahlr. S/w-Fotos
(ISBN 3-8313-1339-3)

Lucky Strikes und Hamsterfahrten Krefeld 1945–1948
von Elisabeth Kremers
64 S., geb., zahlr. S/w-Fotos
(ISBN 3-8313-1412-8)

Der Tag, an dem Paderborn unterging – 27. März 1945
von Hans-Jörg Kühne
64 S., geb., zahlr. S/w-Fotos
(ISBN 3-8313-1480-2)

Hurra, wir leben noch! Wuppertal nach 1945
von Kurt Schnöring
64 S., geb., zahlr. S/w-Fotos
(ISBN 3-8313-1175-7)

Wir Kriegskinder Zeitzeugen aus Ostwestfalen-Lippe erinnern sich
von Hans-Jörg Kühne
64 S., geb., zahlr. S/w-Fotos
(ISBN 3-8313-1170-6)

Wartberg Verlag GmbH & Co. KG
Bücher für Deutschlands Städte und Regionen
Im Wiesental 1 · 34281 Gudensberg-Gleichen · Telefon (0 56 03) 9 30 50 · Fax (0 56 03) 30 83 · www.wartberg-verlag.de